ホンコン・お化け
香港鬼怪®
百物語

豚肉窩貼®

點子出版
IDEA PUBLICATION

Author

WE ARE THE PIGS

《豚肉窩貼》以「傳承香港文化」為創作目標，名字由來如香港般展現多元共融。「窩」＝窩心，我們期望透過小小的力量，以不同形式的創作留住屬於你和我的集體回憶，期望你會感受到這份「窩心」。「貼」＝貼紙「貼紙」為我們團隊的首個企劃，日後即使有不同的創作項目，我們亦毋忘《豚肉窩貼》成立是為着傳承香港文化。

WATPLIMITED

序

ホンコン・お化け

香港鬼怪

百物語

《豚肉窩貼》的首個企劃為《香港鬼怪百物語》（簡
稱《鬼怪》），香港填詞人林夕曾經說過：「鬼故事
的存在，是香港珍貴之處。」地方鬼怪傳說的出現，
背後往往反映了當時的社會狀況、風氣，以及獨特的
歷史背景，非常值得記錄和保留。我們期望透過結集
香港民間百年鬼怪傳說，與大家一起探討香港百年歷
史文化及身份認同。

《鬼怪》以食玩（しょくがん）貼紙為載體去演繹香
港的鬼怪傳說，這類食玩貼紙首次於 1977 年附送於
日本的零食包裝內，一般大小為 4.8 x 4.8cm，大眾
稱之為「朱古力餅貼」、「食玩貼」或「餅貼」。在
80、90 年代，香港受着日本流行文化影響，這種「食
玩貼」亦是不少香港人的集體童年回憶之一，我們把

100 個鬼怪傳說有系統地整合，並與食玩貼結合成新
媒體，圖文並茂記錄屬於香港人的「妖怪大全」。

企劃共推出 100 張以香港鬼怪傳說為主題的食玩貼
紙，我們為每個故事創作一個妖怪角色及載有其簡
介。食玩貼配合特別印刷效果，如鐳射閃貼、燙金和
燙銀等，提高《香港鬼怪百物語》的收藏價值。

呂法傳

捉鬼達人 / 凶宅清潔師

余認識作者，緣起自其鬼怪貼紙產品，此類產品乃吾輩兒時恩物，當年藏於日本袋裝零食當中，要儲齊一整套，並不容易。

聽聞香港竟然有實體貼紙店現世，立馬前往一探究竟。到訪經了解後，得悉作者正在收集有關香港的傳說異聞，發掘及整理，再製作成「貼紙」。作為傳說異聞愛好者的我，當然立馬與作者聊個天南地北。

聊天期間，發現與作者有很多共同朋友外，更有很多互相不了解的本地傳聞，其中以「藍田水妖大戰水龍」一事，最為吸引。閒聊之間，發現竟然還有眾多目擊者在世，言之鑿鑿，表示當天下午，在藍田海面上空，看到巨型水妖與水龍搏鬥，實乃奇觀，雖然難

以致信。本人亦親眼見過不少奇人奇事，傳說傳聞正是如此，因其不確定性及神秘色彩，才能引人入勝。

作者是次把本地鬼怪傳說故事，蒐集成書，付梓印刷，實乃吾等方家之幸事。避免隨時間久而久之，資料隨之而消失，正如當年本港轟動一時的銅鑼灣狐仙事件，已經越來越模糊了，現在想找一張當天的真實照片也難於登天。故是次《香港鬼怪百物語》出版，對於本地傳說文化愛好者甚具意義，願作者豚肉窩貼，能繼續發掘出更多傳說，以饗各方讀者。

推薦序

Laurence Ching

YouTube Channel《清酒神秘學》主持人

香港一直以來都是一個充滿神秘色彩的城市,而其中靈異鬼怪事件更是讓人咋舌不已。這些事件經常在社交媒體和網絡上流傳,引起廣泛的關注和討論。

從傳說中的鬼故事到真實的恐怖經歷,香港的靈異鬼怪事件多種多樣。有些事件令人感到不安和恐懼,而另一些則讓人感到神秘和好奇。這些事件背後可能涉及到歷史、文化和信仰等方面的因素,也可能是人們的想象力和編造。但無論是真是假,這些故事都對香港的文化和歷史產生了深遠的影響。

在這本著作中,我們將探索香港靈異鬼怪事件的神秘和奇妙之處。我們將探討這些事件的起源、傳說和真實性,以及它們對香港社會和文化的影響。這些故事

不僅是一種娛樂和驚嚇的方式，更是展現人們對超自然現象的好奇心和探索精神。讓我們一起揭開香港靈異鬼怪事件的神秘面紗，探索其中的真假謎團，並發現香港這個城市的神秘和不可思議之處。

香港鬼怪

ホンコン・お化け

百物語

地圖目録

新

大嶼山

維多

22 屯門鯉魚精

23 屯門公路爛賭鬼

24 超高速紙紮車

25 鬼交通瞥

26 青山公路快相鬼

27 志樂別墅金龍

12 瀑布灣無臉女鬼

15 薄扶林李靈仙姐

13 華富邨石棺

31 長洲張保仔

九龍圖鑑

内河橋馬姐

深水埗殺人軟

地藏王

問路旗袍女

觀音廟蓮花雲

秀茂坪泥母子

鬼媽媽臘腸飯

藍田水妖

金茂坪戲院

藍田彩龍

九龍

九龍
KOWLOON
No.01

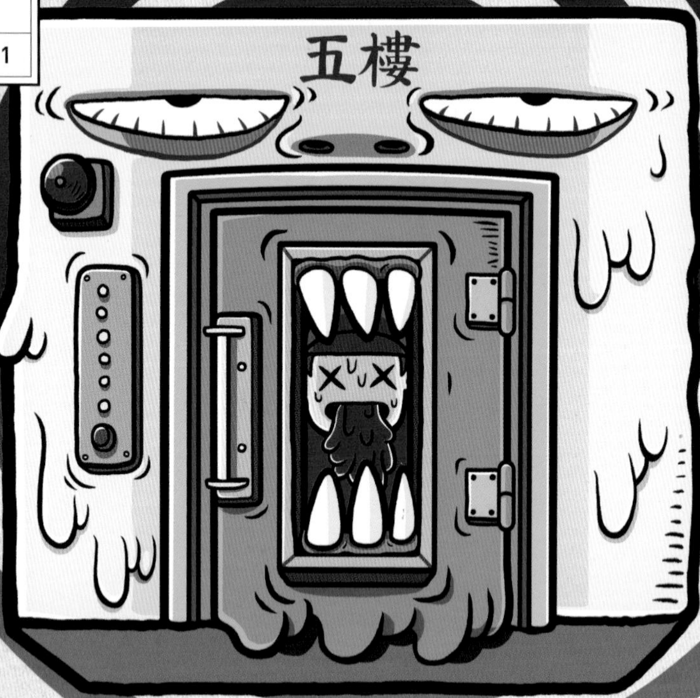

無頭屍身噴血!!!

出現地點	出現時間	
深水埗北河街	1965年	**深水埗殺人粒**

百祥大廈

PAK CHEUNG BUILDING

位於深水埗北河街的百祥大廈，
於 1964 年 6 月開始入伙，
大廈樓高 12 層，共有 44 個單位，設有 1 座升降機。

香港機電處（機電工程署前身）最早的升降機官方記錄在 1955 年，地點並沒有記載。

在香港的官方記錄中，最早的升降機出現在 1955 年。但是坊間亦有說法早在 1868 年出現，香港大酒店及半山區某些豪宅內就已經使用了升降機；而在 1911 年之前，香港郵政總局裏亦有使用升降機。

現代的升降機的門分為內門和外門，根據本港法例的規定，所有新建的升降機門必須使用電動操作。早在 60 年代，電動升降機門已經面世，但在當時並不普及，仍有不少樓宇使用舊式的手動門。這些手動門通常由密封門板和窗口組成，方便觀察升降機的到達情況。政府在早期並沒有限制窗口的大小，可惜意外事故頻生，所以開始立法監管。

都市傳聞

血洗百祥大廈
升降機驚現無頭屍體

1965 年 7 月 11 日，在深水埗的百祥大廈發生了一宗罕見的命案。在大廈 5 樓升降機門口，發現了一具無頭且噴血的屍體，發現者是住在該樓層的一名女性居民。當時，該大廈 10 樓的一個單位剛剛售出，業主請來了一名電燈技工為該單位安裝電線。這名技工一直由上而下地檢查各處的電線路，直到到達 5 樓時，發生了意外。

該大廈的升降機門上有一個尺寸為高 22 吋、寬 10 吋的厚玻璃窗[1]，每層均有，但是大部分玻璃都不翼而飛，甚或破

損。估計當時這名技工探頭入升降機機門上的窗口，而升降機剛好自 8 樓開下，截斷他的頭部。這時 5 樓一女住戶正打算外出，卻發現升降機門前有一男性無頭軀體，不停痛苦滾動，把她嚇得失聲尖叫。

這位女士家人聞聲開門，發現如此景象後，慌忙把女子帶回屋內，並致電通知大廈管理員報警。

無頭屍體持續不斷地在地上滾動和掙扎，直到十多分鐘後才完全停止。起初，警方認為這是一宗兇殺案，甚至認為死者被黑社會「家法侍候」。他們把全幢大廈圍封，並苦尋死者的頭部，剛開始毫無頭緒，直至一小時後，才在升降機機槽內的捲鋼纜輪軸上，發現一個被攪至血肉模糊的人頭，僅剩下口部以上約三分之二。

發現無頭屍體後，深水埗居民為之哄動，爭相前往該大廈為一睹怪屍，人潮一直由北河街至深水埗渡輪碼頭[2]一帶，大廈附近的幾家酒樓亦擠滿了打探消息的人，甚至武警出動以維持秩序，直到當日晚上人潮才開始散去。事件發生後，該幢大廈亦有傳出了無頭鬼魂尋找頭部的傳聞。

註

| 1 | 當時政府尚未立法監管升降機機門的窗口大小。 |

| 2 | 深水埗渡輪碼頭於 1924 年啟用，1992 年關閉，現為富昌邨。 |

世上最強 觀音廟!!!

出現地點 📍	出現時間 🕐	
紅磡觀音廟	1944年	觀音廟蓮花雲

觀音廟

KWUN YUM TEMPLE

位於紅磡差館里的觀音廟建於 1873 年，
由當時住在紅磡、鶴園角及土瓜灣一帶的居民合資籌建。
自建造以來，香火鼎盛，深得信眾信賴。
該廟經歷日軍侵襲香港的戰火洗禮，依然屹立不到，
是現今香港一級歷史建築，也是九龍區最大規模的觀音廟。

紅磡、鶴園角及土瓜灣又名紅磡約、鶴園角約及土瓜灣約，合稱「紅磡三約」。

雖然紅磡觀音廟在 1873 年建成，但是在 20 世紀初期（約 1905年），該廟進行了一次歷史性的擴建，擴建計劃的資金同樣由附近居民和工人集資而成。據聞當時工人因應政府城市發展的規劃，需要在紅磡附近山區進行地下掘工，開通紅磡至尖沙咀、九龍城一帶的交通。

可是，在掘工過程中，地下卻噴出紅色水柱，工人們誤以為是傷害到住在地下的神龍，終日懸心吊膽，深怕招來不幸，同時他們深信附近的觀音廟是一個十分靈驗的神廟，於是發起集資擴建該廟，以化解傷及龍脈的罪過。

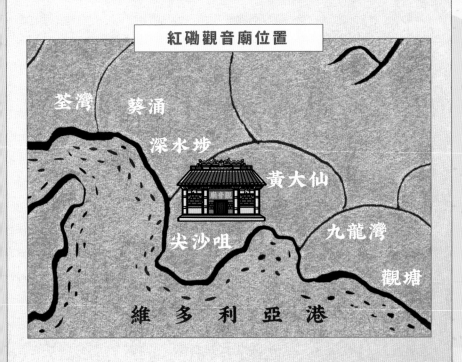

紅磡觀音廟位置

荃灣　葵涌

深水埗

黃大仙

尖沙咀

九龍灣

觀塘

維多利亞港

都市傳聞

戰火中的奇蹟——
觀音菩薩顯靈庇佑

在香港日佔時期，日軍在香港佔據了多個重要軍事據點，包括**九龍城的啟德機場和紅磡一帶的船塢**，以進行軍事行動。為了挽回局勢，英國向美國為首的盟軍求救，多次對日軍據點進行空襲。1944 年 10 月 16 日，盟軍對啟德及紅磡一帶進行空襲，連續投下炸彈，不幸誤中民居，紅磡大部分地區變得糜爛不堪。位於觀音廟旁邊的紅磡街坊會小學更被炸至粉碎，正在上課的所有師生都不幸喪生。唯有一名教師帶着一班學生逃到觀音廟避難。據傳，當炸彈投下的那一刻，一朵巨大的蓮花雲出現，環繞着整個觀音廟，保護了廟內的師生。儘管小學校舍及周邊地區被摧毀至蕩然無存，但觀音廟卻完好無損，居民一致深信這是觀音菩薩顯靈庇佑的奇蹟。

觀音廟

曾經有一位居住紅磡區的先生向筆者提及此傳聞，
但是傳聞內容略有出入，說是一個巨型狐仙雲顯現。
可見傳聞不斷演化。

九龍城・啟德

九龍 KOWLOON

No. 03

惡臭之謎
屍體與孤兒!!!

出現地點 📍	出現時間 🕐	媽媽臘腸飯
九龍寨城	80年代某夏	

九龍寨城

_{已清拆}

KOWLOON WALLED CITY

九龍寨城地理位置在歷史上擁有一定重要地位，
遠在宋代已是邊境最前線，抵禦外敵。

1842　清政府於鴉片戰爭戰敗，1842 年簽訂《南京條約》，割
讓香港島予英國。其後，兩廣總督耆英建議在九龍半島興
建一座城池，這便是九龍寨城的前身。

1860　1860 年清朝再戰敗而簽訂《北京條約》，界限街以南再
次割讓給英國，這座城池變得更為重要。

1898　1898 年清政府與英國再次簽署《展拓香港界址專條》，
界限街以北、深圳河以南以及鄰近 235 個島嶼租借予英
國 99 年，清政府堅持保留九龍寨城這座城池的主權，但
當中包括條款「惟不得與保衛香港之武備有所妨礙」。

1899　1899 年英國以此條款為由，宣布擁有九龍寨城的主權，
但是並沒有實質進行管理，當時清政府亦沒有閒暇與軍力
處理九龍城寨的問題，香港政府更沒有權力。因此，九龍
寨城變成「三不管」地帶。

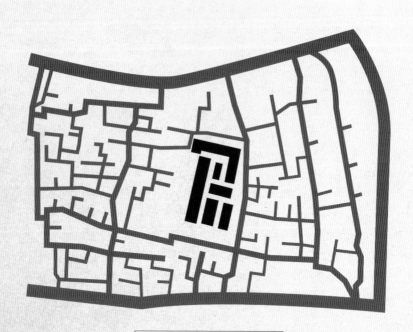

九龍寨城地圖

日本侵華期間，日軍為了在擴展龍津河及興建機場，在附近大量蒐集石頭材料，九龍寨城的城牆不能倖免。戰事結束後，因為失去城牆，難民開始在寨城中聚居，其後更發展為全港密度最高的住宅區。

由於九龍寨城是個「三不管」地帶，**大部分香港法律在寨城內亦不適用**[1]，包括稅項、牌照等事宜。因此城內充斥着不少僭建、危樓、無牌食肆和工廠等。城內大部分建築物根本沒有打樁，甚至只有三面大廈外牆，方便共用樓梯。寨城地標之一的「情人樓」是兩幢大廈，因為相距甚近，加上樓宇結構有問題而傾斜，變得就像情侶在依偎。

大廈與大廈之間幾乎沒有距離，以致住戶連窗戶也不能開啟，更莫論光線進入。長年黑暗的寨城，衛生環境亦極差，**住宅經常沒有水電**[2]，加上大量為了避免牌照及衛生條例管制而來的食物製造廠及其他工廠亦被吸引進駐於此，引致噪音及廢氣污染同樣嚴重。

註

| 1 | 香港政府除了因為啟德機場而管制寨城的樓宇高度外，其他一概不理。 |

| 2 | 由於寨城內充斥着大量的僭建建築物，政府很難進行有效的水電規劃。因此，寨城內的水電供應通常是集團式非法盜取，，並且供應時間也無法得到保證。每天的供水時間不固定，通常只有 2 至 8 個小時供應水源。 |

寨城的黃賭毒非常盛行，賭場、脫衣舞表演、妓女、毒梟等是常見景色，不少低下階層、非法入境者、罪犯等在此聚集，因為香港警察並不能在此拘捕任何人，在 1976 年以前甚至沒有警察在城內巡邏。寨城內有一條「光明街」，街內聚集了大量吸毒者以燭光輔助來吸毒，因此變得比其他街道更為明亮而得名。在冬季寒冷的日子，**更不難發現吸毒者倒斃在城內的公廁內** [3]。如此種種，黑白兩道顯得更分明，大家各不相干，因此寨城治安很好。

寨城內亦聚集了大量無牌醫生和牙醫，他們普遍來自內地或東南亞，診金因為比外邊便宜，吸引了不少非寨城居民來光顧。當中更有一條街聚集了過百名牙醫，而被名命為「牙醫街」。這些正當職業和工廠大多在寨城的西邊，而黃賭毒都是眾集在寨城的東面，故有「東邪西正」的說法。

1987 年中英達成共識，決定拆卸寨城，1987 和 1989 年分兩期進行調遷，1994 年 4 月完全拆卸，1995 年 8 月寨城公園竣工。

註

3 全個寨城只有 2 個公廁，衛生環境惡劣。

都市傳聞

寨城魚蛋工廠傳出惡臭
揭發臘腸蒸飯的謎團

◆◆◆◆◆

傳聞發生在 80 年代某年初夏，位於寨城的一間魚蛋製造工廠附近傳出惡臭。由於工廠是以死魚來製作魚蛋，再加上寨城的衛生環境惡劣，職員和附近居民對於惡臭已司空見慣。雖然當時已有警員進出寨城處理案件，但居民並沒有報案或在意。到了 8 月，天氣更為炎熱，惡臭已持續數週且越發濃烈。終於有居民無法忍受惡臭並通知警方，指出臭味來自魚蛋製造工廠樓上的單位。

數名警員跟隨着臭味到達 4 樓某個單位門口，由於臭味非常濃烈且特殊，其中一名資歷較高的警員判斷這是屍體的惡臭。他們亦因此提高警覺，格外留神。警員們先是大力拍門，若無人回應則會破門已入。等了一會兒，正當他們猶豫之際，他們嗅到室內除了屍臭味，還夾雜着一絲臘腸蒸飯的香味，因此推測單位內仍有人居住。在無其他選擇下，他們繼續敲門。

最後，一名年約 6、7 歲的小女孩終於應門。當門打開的同時，更加濃烈的惡臭湧出，其中一名警員無法忍受，當場嘔吐。除了應門那位女孩外，室內還有一位更年幼的女孩，她們對這股惡臭完全沒有不適反應，警員們對此都感到十分詫異。警員們觀察四周，卻看不到成年人的身影，進而詢問女孩們屋內有沒有大人。年紀較大的女孩回答說媽媽在煮好飯後吩咐她們先吃飯再上學，但因為身體不適，她很快便回房休息了。聽罷，警員們進入了那個小小的房間，發現小女孩口中的媽媽躺在床上，全身已經變黑，不僅散發着惡臭，還流出屍水。這些濃烈的臭味正是來自這具屍體。除了屍體，更讓警員們驚訝的是，正如小女孩所說，廚房裏還有一鍋剛剛煮好的臘腸蒸飯。根據兩個小女孩的年齡，警員們斷定她們不可能獨自煮飯。他們對此充滿疑惑，對小女孩們一再追問，但是她們的回答並沒有改變。

事件發生後，傳聞一個慈善團體收留了這對女孩，由於父親早已離棄她們而下落不明，母親生前是一名非法入境者且沒有與任何人有往來，因此街坊鄰里對她們的背景知之甚少，更遑論尋找他們的親人。

路上小心‼…

馬姐的預警

出現地點 📍	出現時間 🕐	
啓德機場	70-90年代	內河橋馬姐

啓德機場

KAI TAK AIRPORT

1914 1914 年，「啟德營業有限公司」的何啟爵士和區德先生申請填海，希望在九龍灣北岸建立一個名為「啟德濱」的住宅區，可惜在 1927 年該公司陷入財困，發展終止。同年，港英政府收購該地，改為建築機場。

1933 1933 年，啟德機場落成，是一個軍民兩用機場，「啟德皇家空軍基地」坐落於機場東部。

1939 1939 年，啟德機場正規跑道落成，這條被稱為 13/31 跑道，當年只有 457 米長，因為跑道長度不足，每當有飛機降落時，需要截停馬路上的車輛，利用馬路的長度，彌補跑道的不足。1941 年日軍侵華，空襲然後佔領啟德。

1942 1942 年，日軍為擴建機場，炸毀馬頭角聖山[1]拆卸九龍寨城城牆及附近多條鄉村，建造了另一條稱為 07/25 跑道，長 1,371 米，與 13/31 跑道程交叉方向。

註

1 聖山原是一個旅遊景點，山頂上有一巨石，巨石上刻了不少文字詩句，當中包括「宋王臺」三個字。日軍侵華時代，巨石被日軍炸成三份，幸而刻有「宋王臺」等字的部分並沒有炸毀。

戰後，港英政府鏟平聖山，將剩餘的古蹟巨石削為四方形，移去原址以西，並興建「宋王臺花園」以作紀念。

1945

1945 年日本戰敗投降，港英政府重新接管及重建啟德機場。

1958

1958 年機場南移，新的 13/31 跑道落成，長度為 2,194 米。舊跑度部分被拆除，部分改建作停機坪。70 年代初，13/31 跑道再度擴展成 2,541 米，與此同時，皇家空軍離開啟德機場，啟德變為一個純民用機場。

1998

1998 年啟德機場完成歷史任務，停止運作。它曾經是全球最繁忙的國際機場之一，除了客運量和貨運量享譽國際，狹窄的環境，令飛機升降難度提升，因此更是「世界十大危險機場」之一。政府亦為保障啟德機場航道安全，而訂立了**九龍城區建築物高度限制**[2]。

註

2　除了建築物高度限制外，政府還為一個在 13 跑道必經之地的小山丘，塗上了紅白相間的格子，目的是為機師導航，引領他們進行目視降落。這座山被港人稱為「格仔山」。

啟德機場位於低窪地帶，附近有高山包圍。這些高山當中由橫頭磡至樂富附近一帶地段，在 20 世紀初或以前，是出名的風水寶地，因此有不少土地用來興建墳場。同時，亦因為 1898 年的《展拓香港界址專條》，清廷將界限街以北、深圳河以南的土地租予英國，新界和九龍[3]相續發展。

在 70 年代以前[4]由藍田至此一帶也經常發生水浸事件，加上填海位置有毒蚊、沼氣、瘴氣等影響，更是相傳水鬼上岸位置，因而經常有傳出晚上聽到鬼慘叫聲、有人被拉落水或死人的說法。機場跑道亦危機處處，因為位處海上，不少意外發生導致浸死工人。

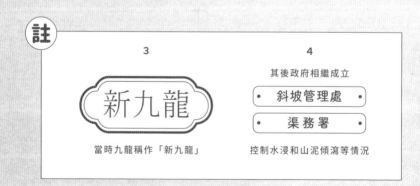

註

3

新九龍

當時九龍稱作「新九龍」

4

其後政府相繼成立

斜坡管理處

渠務署

控制水浸和山泥傾瀉等情況

都市傳聞 一

內河橋的詛咒
機場員工提防水鬼

其中一個傳聞涉及一名機場巡警的意外事件：事發當日，這名巡警騎着電單車在跑道上巡邏，但他忽略了在飛機起降時的危險性。當他經過一架飛機時，被飛機的螺旋氣流吹走，摔進海中並溺斃。之後，許多人聲稱看見這名騎着舊款電單車的巡警在機場跑道上出現。

在跑道的另一邊是維修區和停機坪，這裏有一條大水渠從黃大仙流經至機場，直通向海，因為水渠橫跨機場，所以在上面架設了一座無欄杆的橋，機場員工稱這條橋為**「內河橋」**。由於名字與「奈何橋」相像，加上種種傳聞和瘴氣，不少機場員工相信這個地點陰氣十分重，他們不但對這地方格外留神，更會每年進行法事，帶走此地的水鬼。

都市傳聞 二

夜巡機場跑道
警衛驚遇馬姐鬼影

另外一個傳聞與跑道的安全意識有關：由於機場需要輪流保安，凌晨時分也會有員工在機場跑道上出現。一名警衛在某個深夜駕着巡邏車在跑道巡邏，當時夜深人靜，他感到昏昏欲睡，在駛至內河橋附近，理應沒人的路上卻突然出現了一個馬姐。他猛然剎車，對着她破口大罵，那馬姐卻回了一個幽幽的笑容。警衛驚魂稍定，正打算再度開車時，卻發現自己前軚早已突出橋外，如果不是馬姐的出現，令他急停，他早已連人帶車衝了落海。

發現後，他連忙回望，想看清那個馬姐，但是那位女士早已消失，附近沒有半個人影。其後傳聞亦有其他員工在相似情況下，遇到這名半夜會提醒人小心開車的馬姐鬼魂，直至啟德機場停運，傳聞才停止。

都市傳聞

舊啟德機場邂逅
穿越時空的迷濛女子

在啟德機場停運後，機場並沒有即時拆卸，而是改建成其他不同類型的短期用途，因此機場的外觀基本上沒有改變。

根據傳聞，在機場關閉數年後的某一個晚上，一位在九龍城工作的男士下班後，步行前往巴士站的路上，經過舊啟德機場附近時，遇到了一個手持舊式行李箱、穿着旗袍的年輕女士。她焦急地詢問路線，表示自己正打算前往機場。

當時每天都有大量遊客訪港，加上香港政府不斷宣傳好客之道，男士下意識地以為她是一名遊客。因此，他非常殷勤地帶着這位女士前往附近的巴士站，準備讓她搭乘巴士前往赤鱲角機場。女子雖然一直跟著他，但她卻驚訝地問道：「機場不是在九龍城嗎？」男士聽後大感錯愕，認為啟德機場已經完成歷史使命是眾所周知的事情，而這位女士卻像是穿越時空般對此毫不知情。

「機場一早搬咗去赤鱲角啦！」

「無理由㗎？！」

「我上個月先係啟德機場送我先生機，點會咁快搬咗㗎？」

他們剛好穿過一條隧道，隧道的另一端有一個被鎖上的通
道，而這通道正是通往舊啟德機場的路。女士看到後，迅速
奔向通道，同時向男士表示感謝，然後穿過被鎖上的鐵閘，
消失在他眼前。

藍田・秀茂坪

居住山中的水怪
受驚暴怒！！！

出現地點 📍	出現時間 🕐	
藍田邨	60-80年代	藍田水妖

捨命保護!!!
受命進駐的彩龍

出現地點📍	出現時間🕐	
藍田邨	60-80年代	藍田彩龍

藍田邨

LAM TIN ESTATE

藍田邨原名為「咸田徙置區」，
位於觀塘區的一座山丘，臨近海邊。

1966　藍田邨於 1966 至 1975 年期間落成，用以安置舊區
遷拆戶及鄰近地區受風災、雨災等影響的災民。原本
計劃興建 24 座徙置大廈，在興建第 9 座時，掘出大
量人骨，翻查記錄才發現原址曾是墳場，地質較為疏
鬆，導致建造時經常發生倒塌，並不適合興建高樓，
於是改建為「藍田循道小學」。最後，全邨總座數為
23 座，分別為第 1 至 8 座及第 10 至 24 座，並沒有
第 9 座。

1970　藍田邨第 15 座於 1970 年落成。工務司署為慶祝第
500 座徙置大廈落成，在第 15 座大廈外牆裝上彩龍
浮雕。彩龍總共有 6 層樓高，位置大約在第 5 層至
11 層之間的外牆。同年 11 月 19 日，護督羅樂民爵
士為大廈以及彩龍主持揭幕典禮。

1992 1992 年，香港房屋委員會開始分階段為藍田邨進行大型重建計劃，稱為「藍田邨重建計劃」。

2009 2009 年完成最後一項重建項目。藍田邨改建後，分成四個獨立屋邨及一個屋苑，分別為平田邨、啟田邨、安田邨、新藍田邨及康逸苑。

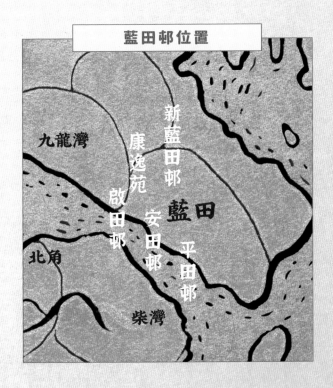

藍田邨位置

都市傳聞 一

建築工程闖入山丘龍脈 驚動水龍報復

藍田邨位於觀塘區一座山丘上，依山而建，遠眺大海，理應碧海青山，卻由建造以至居民入住，也風不調雨不順，經常受豪雨影響，輕則連連水浸，重則山泥傾瀉，嚴重影響民生。居民對此叫苦連天，希望尋求解決之道。他們相信這一切源於建造徙置區時──建築工人見到的一個異象。

在興建這個徙置區時，工人首先需要將山地夷平，才可以建起大廈。在他們揮動鋤頭的時候，他們看見很多蜥蜴般大小的生物在泥下鑽出然後四散，由於牠們行動過於迅速，工人們並不能仔細看清牠們的外貌，只是隱約看見是一些像龍的生物。除此以外，他們亦看見泥地滲出血水。因此，他們相信這一連串的動土行為傷害了住在此山的水龍，鑿斷了龍脈，以致經常狂風暴雨。亦有說有一水妖住在此山，對於人們大興土木非常不滿，所以水妖帶來大量的雨水，以作報復。連綿的雨水導致水浸及山泥傾瀉，這類因為雨而引起的天災，在藍田邨發生得非常頻密，亦比其他地方多。

都市傳聞 二

藍田邨連串滲水現象
助證水妖存在

藍田邨的徙置型大廈分別是第 4 及第 6 型，第 4 型徙廈是首種擁有獨立廁所的徙置區建築，呈「I」型。當中有 4 座第 4 型徙廈是連接邨內學校，但是無論連接與否，這些徙廈的走廊亦是普遍地長。而這些長長的走廊，就發生了一些奇怪的現象。

在居民入住不久，便發現走廊滴水，導致有大灘積水，屋內也有滲水情況。即使晴天，這些現象也沒有改善。亦有傳言說走廊滴水只會在半夜出現，居民會在半夜聽到水聲，早上醒來，通道盡是積水。曾經有居民在自己單位，聽到走廊有水聲時，透過連接走廊的氣窗向外望，只見空無一人，但是地上已全濕。

在居民的心中，一連串的積水、滲水現象，以及因雨水而導致的頻繁天災，正正是水妖表達對他們的不滿的方式。藍田邨邨民因此人心惶惶，造就了邨內大量買賣平安符的活動。

都市傳聞 三

水妖大戰十五座彩龍
最終敗走收場

在籠罩着大量傳聞下，第 15 座落成並帶有彩龍浮雕在大廈外牆。官方說法是紀念第 500 座徙置型大廈落成，而刻上彩龍浮雕。但是當時人們並不相信，他們更為相信是因為水妖的存在，而需要刻上彩龍去鎮壓。而且第 15 座面向整個大海，是最為適合的位置。

著名歌手劉德華在少年時曾經住在藍田邨第 15 座，他表示聽過一個傳聞，在興建第 15 座的時候，曾經掘出恐龍骨，所以便在這大廈刻上彩龍浮雕。劉德華更強調彩龍一定要是浮雕，不能是彩繪。

還有另一傳聞與劉德華所聽到的異曲同工，工人在興建藍田邨時所遇到的無數小龍與泥地滲血事件，施工的英國人主管亦有看見，他們對看到龍大感不可思議，再加上意外連連，害怕自己真的是傷害了龍。所以找來法科師傅為工程做法事祈福，去安撫龍，第 15 座的彩龍浮雕就是根據師傅的指示而成。

這條彩龍與一般飛龍神態略為不同，牠並不是在天空飛翔，而是由下而上飛，感覺就像蟠龍柱上的蟠龍。蟠龍是指未升天的龍，而蟠龍柱是有雨順之意的。一般的蟠龍是望向天際，但這條蟠龍欲不是翹首，而是朝地回眸。這個回眸，彷彿是代表牠要看顧着藍田邨。而蟠龍的種種偶意，又彷彿印證了此地的各種傳聞。

1980 年某一天，下起大雨，天空風雲變色，奇怪的是天空分開兩半，一邊黑雲、一邊晴天，更在藍田邨對出海面的上空，隱約可見雲中有龍對戰另一妖怪。

當時雲內閃光不斷，左右互相攻擊。透過這些閃光，市民隱約看見長條形的身形，彷彿有頭有手有腳，就像是一條龍的形態在對戰另一身形似魔鬼魚的水妖。而且事件是在海面上空發生，民眾因而相信是飛龍大戰水妖，亦有一講法是這水妖來自九龍灣。

此事有大量的目擊者，他們除了在藍田邨邨內目睹，亦有來自附近區域的居民，例如秀茂坪、觀塘、黃大仙等地。可惜的是，飛龍一直處於下風，不敵水妖以致受傷。傳聞牠最後召喚了其他神獸幫助，最終戰勝水妖，雨過天晴。

彩龍因大戰水妖，導致身受重傷，甚至需要其他神獸幫助，才能險勝。大戰翌日，雨過天晴。居民再次望上刻在 15 座的彩龍浮雕，發現彩龍身上盡是甩色脫油，甚至乎其中一隻眼像盲了般，沒有了色彩，眼下有紅色的油漆出現，像極了流血。因此居民深信彩龍大戰水妖後，身受重傷，更甚盲眼。

其後傳聞房屋署為彩龍重新油色，龍身上的顏色能夠正常補上，唯獨是那隻眼睛，每次重新上油後翌日，便會再次失去光彩，所以大家應為彩龍是真的為此而盲眼。

◆◆◆◆◆◆

發生彩龍大戰水妖而盲眼事件後，傳聞某日在油塘對出海旁，發現了彩龍眼睛的碎片。

都市傳聞 四

在水妖事件炒得鬧哄哄的期間，藍田邨出現自稱能力之士，如術士、靈媒和法師等，聲稱能夠提供居民保身安家的方法。當中有真材實料的，亦有不少假造聲勢的烏合之眾。對於當時人心惶惶的民眾來說，他們的出現是心靈的救贖。在這情況下，不少江湖術士因為在藍田邨出售靈符而賺到為數不少的金錢。當中，有對住在第 15 座的夫婦聲稱夢到彩龍為保護藍田邨而與水妖大戰並受傷。他們公開表示要籌錢為彩龍買藥療傷，不少居民相信並捐錢給他們。

1972 年 6 月 16，香港開始連續三天降下豪雨。直至 6 月 18 日，多處地方因為連日暴雨引致山泥傾瀉，當中觀塘區災情最為嚴重，此事稱為「**六一八水災**」。

有傳聞說這次水災是因為彩龍戰敗水妖所引起的，還有傳聞說這對為彩龍買藥療傷的夫婦在這次水災中喪生。他們住在藍田邨第 15 座單位，連日暴雨導致騎樓嚴重損壞，雨水不斷流入單位，引致水浸，使他們溺斃於屋內。消防員奉命破門入屋，揭發此事。有人認為他們的死是因為假借彩龍療傷為名，實質騙財，所以遭到報應；亦有人認為他們是為彩龍療傷而觸怒了水妖，才引致這場殺身之禍。

救災奇蹟!!!

出現地點 📍	出現時間 🕐	
秀茂坪	70年代	地藏王

秀茂坪

SHAU MAU PING

秀茂坪原名為「蘇茅坪」，
此名在清朝的打油詩《香港九約竹枝詞》內已有記錄。

◆◆◆◆◆◆◆

「春遊忽到蘇茅坪，看見牛頭角又生，
茜草灣前多石匠，山歌嘹亮幾重山。」

—— 節錄自《香港九約竹枝詞》

◆◆◆◆◆◆◆

這段詩描繪了當時秀茂坪至觀塘一帶的景色。「蘇茅」是一種植物，因為當時秀茂坪因長滿這種植物而得名。然而，由於「蘇茅坪」的發音與「掃墓」相似，且地點鄰近已清拆的七號墳場，該墳場是日本侵華時期的一個亂葬崗，因此很多人稱這地方為**「掃墓坪」**。直至 1962 年，政府決定為此地改名做「秀茂坪」，洗脫以往不吉利的叫法。

◆◆◆◆◆◆◆

秀茂坪位置

在 50、60 年代，香港有大量難民湧入，興建不少非法木屋，因此政府在秀茂坪劃出俗稱雞寮的安置區，以供這些難民居住。在 70 年代以前，政府只會劃出安置區的土地，居民需要自己處理建屋問題[1]，而這些屋通常是以木板或鋅鐵建造而成，規格並不劃一，因此存在很多灰色地帶，例如香港政府對雞寮木屋區人口掌握的準成度。1964-1973 年秀茂坪徙置區入伙，位置就在安置區旁，徙置區總共有 44 座徙置大廈，新座數是第 1-17、19-45 座，當中第 18 座因技術問題改建為足球場。

1976 年 8 月 23 日，熱帶風暴愛倫吹襲香港及鄰近地區，為香港帶來 3 號強風信號。愛倫自身的吹襲並沒有為香港帶來太大影響，但跟隨愛倫而來的雨雲，卻演變成香港另一個嚴重的雨災。

在 8 月 24 至 25 日，香港總共錄得 511.6 毫米雨量記錄，打破
當時香港紀錄。8 月 25 日早上 9 時，三號強風信號已除下 15
小時，豪雨不斷，更令秀茂坪一幅護土牆再次崩塌，而事發地點
只是離 618 雨災的災場相距 200 米。山泥湧入第 9 座的底層，
當中受災最嚴重的是地面商店，包括冰室、五金舖和雜貨舖。而
雜貨舖傷亡最為慘重，店主 5 名只有數個月大至 7 歲的孩子在
舖內慘遭活埋，店主夫婦僥倖逃出生天。這次災難總共有 18 人
身亡、24 人受傷、3,121 名災民。

當時政府對排水、土木工程等缺乏認知，更低估豪雨對山坡的影
響，導致山泥傾瀉一而再、再而三發生，最終政府在 1977 年成
立土木工程處，對全港斜坡及排水系統作出監管，香港的山泥傾
瀉數字才大大減低。

註

1　　直至 70 年代後期，政府才為安置區統一負責建造 1 至
　　　2 層樓高的排屋，安置區亦改名為「臨時房屋區」。

來自地藏王廟的拯救之手
逆轉山泥災難的命運

在 50、60 年代，大量難民湧入香港，各種非法木屋隨處可見，雞寮一帶亦有為數不少非法木屋隨意建造，當中包括在翠屏道一個山坡中的簡陋地藏王廟。這個以木板搭建而成的靈廟是由祖籍汕尾梅隴村的陳海豐先生於 1963 年所建，他在 40 年代由家鄉逃難到香港，離開前在家鄉的地藏王廟中請了一道符，希望地藏王保佑他一路平安。當他在香港落地生根後，為了報答地藏王，他建造了這座廟。雖然這座廟非常簡陋及細小，但是無減祂的神力。

地藏王之法器
摩尼珠

地藏王之法器
錫杖

在 618 雨災中，據說山泥原本衝向第 8 與第 9 座，底層單位本應無一倖免，然而就在千鈞一髮之際，一道人影在山泥間高速跳動，改變了山泥的流向，使第 8 和第 9 座最終毫髮無損，免於災難。

災難發生後，善信前往地藏王廟還神及祭祀亡靈，卻發現地藏王廟內的神像，雖然沒有受到山泥傾瀉的影響，卻沾滿污泥。人們因此相信在災難中高速跳動的身影就是地藏王，是祂拯救了這兩座徙置大廈。善信甚至致函政府，希望獲得資助擴建這座靈廟，可惜從來沒有回音。

自 618 雨災發生後，秀茂坪一帶出現了大量靈異事件，因此居民對盂蘭盛會的祭祀儀式非常重視，他們都希望亡靈能得以安息。可是，在 1976 年的盂蘭盛會中發生了一件怪事。陣怪風吹倒了祭壇上的所有物品，包括神像在內，負責超渡的法師也幾乎跌倒。因此法師預言秀茂坪會再次發生災難。

果不其然，在農曆八月初一的那天，再次發生了另一宗嚴重的山泥傾瀉事故，而這次災難直衝第 9 座。雖然第 9 座避開了 618 事故，但無法逃脫山泥傾瀉的命運。事件發生後，政府終於同意擴建秀茂坪的地藏王廟。

來自泥灣的幽靈呼喊!!!

出現地點 📍	出現時間 🕐	泥母子
秀茂坪	70年代	

都市傳聞

秀茂坪災後的呼喚——
深陷泥漿的母子靈魂

秀茂坪經歷了香港史上兩次重大的天然災難，死傷無數加上七號墳場原址就在附近，日軍侵華時大量屍體棄置於此。歷史上的悲劇和災難，為這個地區增添了不斷的靈異傳聞。在 1976 年山泥傾瀉災難後，救護人員日以繼夜地搜救生還者。其中一間雜貨舖的東主有五個孩子正在店後的居室玩耍，可惜他們無法及時逃離，全部罹難。在搜救期間，救護人員不斷聽到小孩子呼喊求救的聲音，但是當將所有泥土掘開後，卻沒有發現任何生還者。災難過後，傳聞有不少人目睹此地經常出現飄動的白影或滿身泥漿的鬼魂，其中最廣為人知的是一對泥濘的母子鬼魂。

傳聞有日大雨，某女老師離遠看見有對母子冒着雨，母親正跪下為兒子擦臉，女教師深感納悶，本想上前給他們送把雨傘，但她發現他們的眼睛、耳朵、口鼻不斷地流出泥水。而那位母親似乎一直在清理兒子臉上的泥水。女老師見到這一幕後，嚇得拔腿狂奔。

九龍
KOWLOON

No. 10

金茂坪 GOLDEN...

孤獨的
全院滿座!!!

出現地點 📍	出現時間 🕐	
秀茂坪	90年代	**金茂坪戲院**

金茂坪戲院

GOLDEN VALLEY THEATRE

位於秀茂坪曉光街 40 號，
於 1978 年開幕，現已結業並拆卸。

◆◆◆◆◆◆

當時秀茂坪區是一個人口比較稠密的社區，雖然發生兩次大型山泥傾瀉災難，但是依然不減政府對該區的發展。

1979 年政府甚至認為該屋邨過於龐大，將秀茂坪邨劃分為 4 個屋邨去管理，甚至於在 1984 年落成該邨第 45 座公屋。因此，金茂坪戲院在當時可以說是佔盡地利，生意非常興旺。

直至 90 年代初，秀茂坪邨開始重建，金茂坪戲院失去人流，加上地理位置不便，最終結業，然後一直荒廢。但是這座戲院無論是結業前或後，也傳聞不斷。

◆◆◆◆◆◆

電影院的幽靈座位
全院滿座的不可思議事件

隨着時間的推移，戲院逐漸冷清，甚至有傳聞說有一位母親帶着兒子前往觀看下午場次，當時戲票價格已經非常便宜。當電影開始播放時，整個影廳裏只有他們兩個人，他們對於能夠以如此便宜的價格包場，更一度沾沾自喜。

在電影播放期間，兒子需要離座去廁所，當他由廁所回到影院時，卻發現當時已全院滿座，兒子不疑有他地很快便坐回自己的座位上。當電影完結時，母親愉快的表示很高興很包場，兒子才發現全個影院由頭到尾也只有他們兩母子。

戲院最後因經營不善而結業，然而整座大廈卻被任由荒廢了數十年。在這段時間內，有傳聞指工人曾計劃進行大廈的清拆，卻遭遇了一連串的意外事件。後來，發展商找來法師進行多次超度儀式，試圖消除大廈的陰氣，但卻無法減少那裏的詭異氛圍。荒廢的戲院經常傳出怪聲，有些人甚至聲稱隱約看見大廈內有燈光、人影等現象。

2022 年代未，華懋集團終於將戲院拆卸，並計劃改建成「香港文化電影中心」。可惜在 2022 年 9 月 7 日，工程開始不久後便發生一宗嚴重工業意外，天秤冧下並壓毀貨櫃，導致 3 死 6 傷。根據報道，意外中存在著兩個謎團：第一，肇事天秤已豎起一個月，卻一直相安無事；第二，肇事天秤在發生意外當日亦曾運作，但塌下時卻非處於負重狀態。根據力學，非負重狀態的天秤基本上並不可行。

九龍

完

香港島圖鑑

旭龢大廈

兵頭花園石獸

李麗小姐

華富邨無臉鬼

天台遊樂場

華富邨石棺

火龍

狐仙系列
溫莎公爵大廈

華富邨UFO

屈地站 西營盤站

狐仙系列
虎豹別墅

香港島

怨氣籠罩公園!!!

出現地點 📍	出現時間 🕐	
旭龢道休憩花園	1972年	旭龢大廈

旭龢大廈

KOTEWALL COURT

旭龢道休憩花園前身為旭龢大廈，
旭龢大廈是一座高尚住宅大廈，
住滿不少專業人士。
位於旭龢道 20 號，樓高 12 層，
於 1972 年香港史上最嚴重的雨災中消失。

◆◆◆◆◆◆

1972 年 6 月 17 日，香港已連續第二日下暴雨，位於港島西半山區寶珊道的建築地盤已發生了數次小規模的山泥傾瀉。由於安全原因，附近受影響居民已經撤離，當中包括前香港中文大學校長李國章及其家人。6 月 18 日，香港繼續下着連續第三日豪雨，這天的雨勢最為滂沱，香港多區發生山泥傾瀉。

當天晚上 8:50 至 8:55 之間，寶珊道山上的一個山坡終於抵受不住連日來的雨水沖擊，首先滑向李氏一家兩層高的樓宇，然後衝塌位於干德道的一座六層空樓，在雪球效應的作用下，泥石流與瓦礫以更猛烈的速度衝向當時剛落成而且住滿人的旭龢大廈，衝擊力之強大令整棟大廈即時折斷倒塌，大部分住客被

◆◆◆◆◆◆

堆在山泥下，只有 3 樓少數人能從山泥中逃生。而大廈的殘骸亦波及山坡下樓高 14 層的景翠園，其中最高的 4 層在這次事故中被削去。

在災難發生後，搜救行動一直持續到 23 日，除了消防員以外，更出動到駐港英軍，他們每日派遣 100 人協助搜救，最後總共救出 20 名生還者，當中包括前大法官列顯倫，他在等待救援期間一直用收音機播放 The Beatles 的「When I'm Sixty Four」，搜救人員藉着歌聲搜尋到了他的位置，最後成功將他救出。

旭龢道意外總共造成 67 死 19 傷，政府最後用了數個月時間才能把現場清理乾淨。

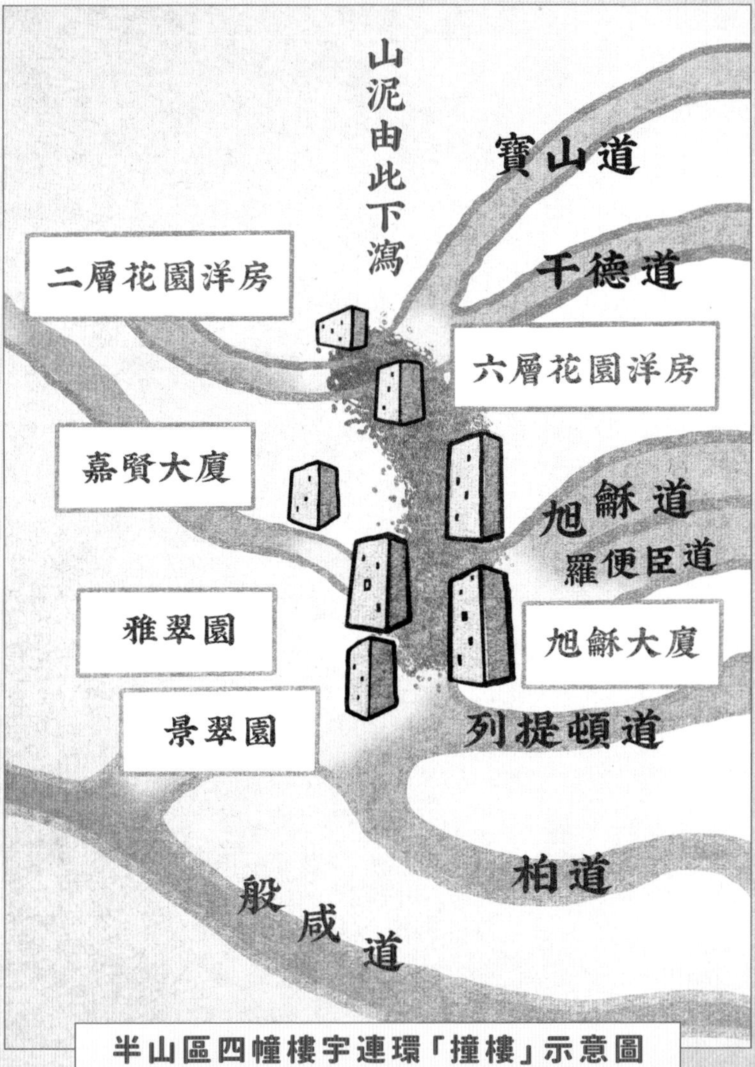

山泥由此下瀉

寶山道

干德道

二層花園洋房

六層花園洋房

嘉賢大廈

旭龢道

羅便臣道

雅翠園

旭龢大廈

景翠園

列提頓道

柏道

般咸道

半山區四幢樓宇連環「撞樓」示意圖

途經災難空置地
狗隻衝往無人水池狂吠

旭穌大廈原址自從那次災難後便一直被空置，坊間認為此地充滿了怨氣，更傳出鬧鬼的傳聞，所以即使位於高尚地段，也無人問津，最後政府只好把空地建成休憩公園。事件發生至今已過數十年，但是依然有零星的鬧鬼情況在公園出現。

傳聞曾經有菲傭在附近放狗散步，當狗隻接近公園時，突然對着空氣狂吠，更掙斷狗帶，衝入公園內的水池邊怒吠。公園長年幽靜，放眼無人，突顯出狗隻當時表現極度不尋常。菲傭尾隨而至，當她準備把狗抱走時，卻發現水池中慢慢浮現出一張張人臉，有的更對着她咧嘴而笑，菲傭最後被嚇得落荒而逃。

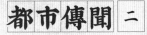

都市傳聞 二

幽靜公園約會
遭遇詭異的地底怪聲

有另一個傳聞發生在一對情侶身上。因為公園寧靜，這對情侶決定入內談心，當他們坐在長櫈卿卿我我時，卻開始聽到有些詭異微弱的人類呻吟聲由地底發出。在他們還來不及反應之際，女朋友已開始臉色發青，以並不屬於她的聲線發出同樣的詭異呻吟聲。男朋友起初以為她身體不適，打算為她叫救護車，卻發現女友的聲線轉變，活像一個陌生人。

男友察覺事態不妙，趕忙抱起女友便往公園外跑，跳上剛好經過的一架的士。女友一上車便開始嘔出綠色液體，然後慢慢回復正常，似乎是對懸掛在車前的平安符保佑有反應。然而，她對自己的所在地感到十分疑惑，更對剛剛的事件沒有印象。男友欲伸出手安慰她，亦發現自己滿手泥濘。

公園並沒有十分多的傳聞，相信是因為這個公園的人流量不大，而附近的高尚住宅居民亦開始淡忘 618 雨災。

華富邨・薄扶林

香港島 HONG KONG ISLAND

No. 12

鬼影繚繞瀑布灣!!!

出現地點📍	出現時間🕐	
華富邨	70-80年代	無臉女鬼

華富邨

WAH FU ESTATE

華富邨位於港島南區薄扶林瀑布灣，
是首個規劃成小型社區，
擁有商場、街市、圖書館、
學校、巴士總站等設施，
是能夠自給自足的公共屋邨。

邨內大部分地方能俯瞰南丫島一帶海域，背山面水，因此有
「平民豪宅」之稱。位於華富一邨的華興樓及華昌樓更是香港
首個雙塔式大廈，於 1970 年落成，由前香港屋宇建設委員會
建築師廖本懷先生（後來升任房屋司及政務司）設計。大廈內
每個單位均設有露台，而每戶大門均面向樓宇中央。中央是一
個巨型天井，採取天然光，增加透氣度，同時亦能減低罪案發
生，這種雙塔式大廈亦俗稱為 **「井字型公屋」**。

華富邨分為五期落成，最早興建的華富一邨在 1967 年開始入
伙，最後落成的是華富二邨後期加建的華翠樓及華景樓，於
1978 年落成。華富邨落成初期，市民對這地點並不滿意，所

以申請的人數並不多。華富邨原址曾經是雞籠灣華人公共墳場，也有傳聞說是日戰時期的亂葬崗。當年香港居民比較傳統和迷信，對於墓地會有所顧忌，再加上位置偏僻，只靠一條彎曲而狹窄的薄扶林道通往市區。在交通不發達且居民普遍不富裕的年代，去最近的香港仔也需要乘搭交通工具去通經過薄扶林道，而且車資亦比較貴，顯得非常不吸引。然而，隨着香港人口的增加及政府的宣傳，華富邨在高峰時期曾經有大約 5 萬人居住。

華富邨毗鄰瀑布灣公園，是港島南區
一個著名的行山路線景點。公園內有條瀑布，
在 19 世紀，曾是歐洲通往廣州的貿易船隻的主要補給站及避風
塘，當年瀑布的水量不遜於任何世界著名大瀑布，此處當時被稱
為**「香江」**。1816 年，外交官阿美士德勳爵（Lord Amherst）
代表英國訪華，同團帶同地理學家阿裨爾（Clarke Abel），他在
文獻中提及瀑布灣瀑布：**「該島最突出的地方在於它高聳的圓錐
形山脈，中部向上升，並且有一條美麗的瀑布從一塊完好的藍石
上流下來，進入大海。」**正是因為這篇文獻，瀑布灣瀑布成為歐
美船隻重要的補水站。

然而，早在清朝嘉慶（1796 - 1820 年）初期，此瀑布已被選
為「新安八景」中的其中一景，「鰲洋甘瀑」便是指此地。直至
1863 年，因為香港人口大增，水源短缺，政府決定興建薄扶林
水塘，截取瀑布灣水源，從此澎湃的瀑布不再存在，變成現今的
樣貌。

恐怖與奇觀交織
白衣長髮幽靈潛伏瀑布灣

瀑布灣鄰近華富邨，景色優美，雖然失去原本的澎湃飛瀑，變得水淺潭清，但在 30 年代依然被選為**「香港八景」**之一。對於居民來說，這個後花園是集美景與便利於一身的消遣好去處。但是，瀑布灣除了景色優美外，亦是盛名的鬧鬼地。

早在香港開埠以前，瀑布灣是村民與及船隻的重要取水地。曾有一傳說指該地發生過海盜搶掠、濫殺村民的事件，引致死傷無數。此外，瀑布亦鄰近亂葬崗。相傳在興建華富邨時，雞籠灣墳場的墓碑和亂葬崗的人骨都傾倒在溪間和海邊等地，並沒有得到妥善處理，因此附近常有鬼影幢幢。事實上，瀑布灣的確頻頻發生意外，幾乎每年都有人命傷亡，而且這些意外往往十分離奇，例如在很淺的池水中遇溺，甚至喪命，因此關於**「水鬼搵替身」**的傳說一直在流傳。老一輩的居民經常告誡小孩切勿獨自前往該處，政府於 90 年代甚

至在通往瀑布的公園路上裝上鐵閘和警告字句，以阻止途人進入。但是種種警告，也不能完全阻止遊人前往。

其中一個比較有名的傳說大約發生在 70、80 年代，當時瀑布灣尚未建造鐵閘，而孩童大都是野孩子，習慣通山走。當日，一群小學生在放學後如常走到瀑布灣公園遊山玩水，一切就和平日沒有兩樣。接近黃昏時分，當他們差不多準備回家之際，在瀑布附近看見一位穿白衣裙、黑長髮的女士蹲在池邊，低頭望向水中，彷彿一直重複着洗臉的動作。這一連串的動作引起了小孩子的好奇，令他們駐足細看。由於地點與角度的關係，他們無法清楚看到這位女士的容貌，直至他們緩緩走近，才赫然發現她並沒有五官，臉上彷如一張白紙，甚麼也沒有！發現後，他們嚇得哇哇大叫，落荒而逃，從此不再到瀑布灣遊玩。

除了無臉女鬼的傳說外，猛鬼的瀑布灣還經常有其他靈體出現的目睹個案，例如在海邊等地出現的白衣女鬼，以及水鬼扯腳的傳聞等等。

神奇石棺禍與福!!!

出現地點 📍	出現時間 🕐	
華富邨	60-70年代	**石棺**

香港島
HONG KONG ISLAND

No. 13

神秘石棺現身
揭開被遺忘的墓地之謎

在計劃興建第二期工程時，政府曾經規劃建造一條行人通道，連接多座大廈到華富一邨街市，方便市民出入，可惜最後功敗垂成，並不能落成。雖然政府早已張貼告示通知市民關於興建這條行人通道的詳情，最後卻因為某些原因而必須中途腰斬這項工程，而這個原因就是很多華富邨居民也曾聽說過的**「石棺事件」**。

華富邨前身是雞籠灣華人公共墳場，而這個墳場早在香港開埠以前經已存在。在日戰侵華期間，日軍更在這個地方殺害了不少華人，為省卻搬運屍體的時間，直接埋葬，形成了一個亂葬崗。在 50 年代，政府正式關閉了這個墳場，雖然墳場內大部分的棺木已被移走，但是還有一些沒有人認領的墓地被遺留下來。據傳政府並沒有妥善處理那些被遺留下來的墓地，有些墓碑及人骨倒在瀑布灣，還有一些被遺漏在原地，然後便在上方直接興建華富邨。因此在建造這條行人路時，才發現了這個石棺。

都市傳聞 二

禍福難測的石棺
華富邨居民的福運之源

行人路的位置就在居民協會對出巴士站下方,是一條半地下通道,依山坡而建,現在接連巴士站與華基樓 的 10 樓。而石棺的位置就在這條行人路上的中央,工人們在建築進行中發現了這個石棺,要繼續建造行人路,便需要將石棺移走。但是,傳聞當時所有接觸過石棺的人都發生了事故,不是大病便是意外,為保性命,最後再沒有人願意接觸這副棺材,而行人道亦再沒有辦法繼續建造,中途停工。現在,傳聞石棺依舊停放在這條行人路上,只是已用水泥牆把它封好,確保沒有人能夠接觸。

對於石棺,華富邨居民亦有另一正面的傳聞,就是因為它的存在,居民們大都能夠「升官發財」。

都市傳聞

集體目擊不明飛行物體

對比起世上其他地方，香港不明飛行物體（UFO）目擊報告個案實屬罕見，這可以直接歸因於香港守舊的觀念。早在 80 年代，傳聞華富邨有大型的 UFO 出現，但是當時願意說出來的人卻非常少，據現在願意接受訪問的目擊者稱，他們主要是害怕被別人認為自己失心瘋。在 1980 年 9 月，天文台有一個正式的不明飛行物體目擊記錄。其後約 90 年代開始，更有傳聞說經常有 UFO 由瀑布灣池底飛往南丫島附近海域的水底，認為南丫島水底是有 UFO 的水底基地。

香港飛碟學會的司徒查證先生一直追查香港 UFO 目擊個案，更是暫時唯一一位對華富邨 UFO 目擊個案作深入探討及記錄的人。以下整合了司徒先生多年來蒐集到的個案。

感謝
司徒查證
資料提供

根據提供的內容，事件發生在 70 年代，嚴格來說目擊地點並不在華富邨，而是附近的田灣邨。目擊者是華富邨居民張先生，當時他還是一名小學生，於漢華中學的附屬小學就讀。這小學並不在邨內，所以他需要每日乘搭校巴返學、放學。事發當日與平常日子無異，正值黃昏時間，他乘搭校巴放學回家，途經田灣邨的白普理護理安老院時，校巴突然停下。

當時張先生坐在司機位置後的第三排窗口位，因為納悶校巴司機為何在奇怪的地點停車，於是他抬頭望向窗外，發現安老院與山之間的天空出現一個**巨型不明飛行物體（UFO）**。這架 UFO 體型十分龐大，由於角度的限制，張先生當時只能看見它的底部，直至校巴再次開動，並離開田灣邨下山時，這時他才能看出部分機頂。

田灣邨的地理位置是在山上，從邨口開始是上山的路段，過了護理安老院便開始是下山的路段。當時的護理安老院旁邊是一塊空地，並沒有其他建築物。護理安老院後方是扯旗山，面向薄扶林郊野公園的方向，而華富邨則位於面向山的十點鐘方向。當校巴停泊時，張先生正面對着扯旗山，這時校巴正在 UFO 的底部附近，並有些許傾斜，使他無法看到機頂。但當校巴再次開動，開始下山時，角度改變，他便能夠看到部分機頂。

個案 ①

目睹者 — 張先生

根據張先生的描述，這架 UFO 的底部是圓形的，外圍有一些射燈，中間有一個相對較大的圓形，被大量的射燈圍成一圈，看起來像是出入口。底部充滿了直線坑紋，由中間的出入口一直延伸到外圍的圓邊。至於機頂則是弧球體狀，連接着機底的地方有一些強烈的光芒，雖然因角度的關係，張先生無法清楚看到。

這架 UFO 停在半空中，沒有移動，也沒有發出任何聲音。張先生當時雖然年紀小，但對於面對一架巨型機械卻沒有任何引擎聲或機械聲的感覺感到困惑，與大眾對於飛行器的認知不符。當校巴下山後，由於角度的問題，這架 UFO 消失在他的視線範圍之外。整個目擊過程大約持續了數分鐘。

事件大約發在 1981 至 1983 年的中秋節晚上，當時的曾先生年紀約二十出頭。因為中秋節翌日有假期，所以曾先生約了 3 位朋友在華泰樓 9 樓的後樓梯一同賞月。該後樓梯面向南丫島方向的海面。因為華富村位於山丘的最前方，前面沒有任何障礙物阻擋視線，所以曾先生當時可以清楚地飽覽整個海面。

當晚大約在午夜 12 點多的時候，曾先生與朋友注意到海面上有一個特大的光球隕落，起初他們以為是隕石，但當它停止移動並懸浮在離海面很近的位置時，照亮了整個海面，他們才意識到這是一個 UFO。

當時 UFO 的位置位於南丫島的右側海面上空，沒有轉動，停留了大約 10 多秒，因為太亮，曾先生他們無法清楚看到 UFO 內裏的構造，只能看見是一個光球。曾先生形容這個光球一開始呈橙黃色，類似車頭燈的顏色，然後它開始轉換顏色，變成紅色、藍色、綠色等，邊轉動邊縮小，並向西環方向飛走消失。據曾先生講述，這件事也有刊登在報紙上。

在 70 年代末（大約 1977 至 1980 年）的某個夏天某日，溫先生為了答謝同事們的幫助，一家五口邀請他們一同前往華富商場內的酒樓共進晚餐。離開時，溫先生的同事們走在前面，溫家則走在後方，相隔約 20 步距離。

當時他們望向利瑪竇學校及華建樓方向的上空，看見一架巨型滑翔式 UFO 在底飛行，機身厚度約相當於一輛雙層巴士，速度非常緩慢，駕駛速度大約只有 10 米。機身呈深灰色，與天色的顏色接近，機身以不同顏色的圓形彩色燈砌成一層層，顏色柔和卻又鮮明，雖然很光，卻又不刺眼。

温家女兒 Katie 認為，一直到現在也找不到相似的燈。
當時雖然 UFO 在低飛行，但是卻完全聽不到引擎聲或
機械聲，只有音樂聲，以及像風扇聲般的微弱氣流聲。
那些音樂亦十分柔和，溫先生形容那些音樂就像電影
《第三類接觸 (Close Encounters of the Third Kind)》
的配樂那類型的感覺，而 Katie 就覺得似雪糕車的音樂
那種感覺。

UFO 向着華清樓方向飛去，一邊飛，燈一邊一組組地
熄滅。每當一組燈熄滅，那方向的音樂聲亦會消失。當
UFO 飛過華清樓，整個 UFO 便已完全消失。整個過程
只持續幾秒鐘的時間，這也解釋了為何溫先生的同事看
不見 UFO 的原因。

李靈顯靈祈福化病!!

出現地點 📍	出現時間 🕐	
薄扶林村	19世紀初	李靈仙姐

薄扶林村

POK FU LAM VILLAGE

薄扶林村的歷史可以追溯到清朝嘉慶二十四年（1819 年）。
在王崇熙編的《新安縣志》卷二〈輿地略都里志〉中已有提
及薄鳧林這個名稱，而薄鳧林亦即是現今薄扶林。薄鳧（音：
扶）是指棉鳧，是鴨的一種，因此薄鳧林意指「棉鳧的樹
林」。另外，還有一種說法認為薄鳧林個名稱是源自於壯族原
住民對瀑布的稱呼音繹，因為當時享負盛名的瀑布灣就毗鄰
此地，但這個說法比較難以追查。

1863　在 1863 年，薄扶林首個大型建築項目竣工，薄扶林村
以西建造了香港首個水塘，以應對持續激增的人口需
求。1877 年更完成擴建工程；

1875　1875 年伯大尼療養院落成，接收鄰近地區患病傳教士；

1885　1885 年，巴黎外方傳教會由澳門遷至薄扶林，建立了
納匝肋修院及印書館。同時，他們還建造了一個名為
「太古樓」的村落，為鄰近地區逃難而來的天主教徒提
供住宿，並培訓他們成為印刷工人；

1886 1886 年，牛奶公司（Dairy Farm）設立在薄扶林，為薄扶林帶來數百個職位；

1894 1894 年，聳立於薄扶林山頭上的德格拉斯堡（Douglas Castle）被巴黎外方傳教會收購，擴建成納匝肋修院及印書館的一部分。當時納匝肋印書館已成為南洋地區重要的天主教印書地，單單是 1924 至 1925 年期間，就已出版超過 800 本書籍，同時為太古樓的居民提供了專業的印刷技術。

1953 在 50 年代，政府開始發展港島及九龍區，以應付人口急升。此時亦慢慢迎來薄扶林的大革新，先是 1953 年印書館結業，在 1954 至 1956 年期間，香港大學購入納匝肋修院，並改建成宿舍，改名為**「大學堂」**；

1972 1972 年，佔地甚廣的牛奶公司被置地公司收購，原本屬於牛奶公司的草地及牛舍被發展為大型屋村；1974 年，伯大尼修院被出售，最後變成香港演藝學院轄下的電影電視學院校舍；1976 年，太古樓亦難逃出售厄運，
1976 置地公司再度收購，改建為私人屋苑。

守護着薄扶林村的仙人 李靈傳說之誕生

薄扶林是香港早期發展的其中一個地點，中西文化交匯，除了一系列西洋建築外，亦保留了不少本地文化傳統。在薄扶林村內有一座歷史悠久的中式建築——**李靈仙姐塔**。塔高約 5 米，建塔的確切日期已無法考證，但塔上有石刻，標示着「民國丙辰年冬」，即 1916 年冬天，但無法確定此標記是修補日期還是建塔日期。

相傳李靈仙姐是守護薄扶林村的仙人。大約 100 年前，村內曾經出現魑魅魍魎騷擾村民，更有鬼哭神嚎的聲音在晚間出現。同時，村內還爆發了瘧疾疫情，居民飽受煎熬。後來，村內一名能夠通靈叫周華娣的婦人，被李靈仙姐附身，為村內居民祈福、化病消災，最終使村內恢復太平。居民為了

李靈仙姐的石獅子

紀念李靈仙姐的幫助，決定籌錢興建此靈塔，以感謝神恩，更在每年農曆 4 月 15 李靈仙姐誕當日，供奉酬神。

羅容與茅山道士對決
借助李靈仙子之力

李靈仙姐塔的出現也有另一種傳聞。相傳一名叫羅容的村民對修練道術非常熱衷，更請得李靈仙姐附身。當時在銅綫灣（即現今的數碼港）有一茅山道士以落降頭為常，因此羅容決定借助李靈仙子的力量和他鬥法七日七夜。他閉關在家中專心修練，期間不吃不喝，更叮囑家人切勿騷擾。可惜家人未能理解事情的嚴重性，而叫喚他，最終導致他走火入魔、破法而亡。在羅容過身後，據說他曾在夢中托夢給家人，表示能夠處理村內所有靈異事件。為了紀念他，羅氏的後人在祭祀李靈仙姐時會展示一件舊道袍，供人參拜。

尊上
火龍 以聖火焚燒瘟疫!!!

出現地點 📍	出現時間 🕐	
薄扶林	農曆8月15	火龍

百年傳承的火龍文化
傳說中的蟠龍之火

舞火龍是屬於客家人的傳統習俗,於每年農曆 8 月 15 日[1]進行。人們認為舞火龍能袪除瘟疫,帶來風調雨順,因為村民相信香火是與鬼神溝通的方法。「龍」傳統是以竹子為骨架,**使用禾草和麻繩紮成龍身**[2],再插滿燃燒着的香,然後配合村民舞動的動作,於村內巡遊,便能達致鎮邪僻妖、消災解難的作用。傳聞舞火龍的出現源於一條被點着的蟠龍,當時龍正在休息,附近有一位頑童正在玩弄香火,卻不慎點着了龍,龍變成火龍,一飛沖天。

香港現今只剩薄扶林和大坑依然有舉行這個儀式。與李靈仙姐塔不同,薄扶林舞火龍的來由已不能考究,只能從居民的口中粗略推算已超過 100 年歷史。因為牛奶公司位處於薄扶林村附近的關係,早期村內的火龍都會使用飼養牛隻的稻草來製作。由於火龍屬於私人性質,村民需要逐家逐戶進行籌款以製作火龍,而火龍上的燒香大小也不劃一,火龍的數量每年亦不相同,最多可達到九條龍。

大坑的舞火龍

1　大坑的舞火龍是香港傳統的民俗活動之一，大坑是其中一個舉辦舞火龍表演的地方。舞火龍通常在農曆八月十四日開始，歷時三天，直到農曆八月十六日完結。

2　現在的舞火龍通常改用禾草和鐵線製成。

集結村民心願與祝福
化作火龍消除瘟疫

直至 1989 年政府介入，火龍變成每年只有一條，燒香亦統一換作大香。相傳薄扶林村有這個舞火龍的習俗，源於曾經發生與家禽有關的瘟疫，村民認為是鬼神作弄，為求心安，燃燒了不少元寶、香燭等。

其後，他們發現瘟疫消失，村民對神恩庇佑深感感激。為了加強對神恩的感謝，他們用竹和草紮成最神聖的生物——龍，往後每年農曆 8 月 15 日，村民也以火龍來祭祀。

時代變遷，薄扶林的舞火龍也打破了傳統，允許女性參與其中。唯一不變的是參神請龍祈福的一系列儀式，村民相信龍是由海中來的。在請到龍之後，他們會在村內每家每戶的門前鞠躬送上祝福，然後進行**「龍歸滄海」**的儀式，亦即龍連同人一同送回海中，而這個儀式需要在瀑布灣進行。

雖然整個舞火龍儀式都允許外地人參與，但由於瀑布灣存在種種靈異傳聞，村民強烈建議所有外地人不適宜參與「龍歸滄海」，因為他們認為外地人在瀑布灣可能會遭遇意外。此外，由於政府的限制政策，「龍歸滄海」曾一度被禁止舉行，在那段時間裏，村內發生了多次意外，負責儀式的村民也患上了怪病，村民認為所有不幸事件都源於未能妥善送別龍，得罪了神明。

中西區・銅鑼灣

神秘車站!! 接通陰陽兩界

出現地點 📍	出現時間	屈地站、西營盤站
港島綫	80年代	

屈地站、西營盤站

WHITTY STATION & SAI YING PUN STATION

在 50、60 年代香港人口急劇增加，香港政府預計公共交通需求在未來 20 年將會激增，因此邀請了以《費爾文霍士顧問工程公司（Freeman, Fox, Wilbur Smith & Associates）》為首的 7 間顧問公司，他們在 1970 年發表了《集體運輸計劃總報告書（Hong Kong Mass Transit Further Studies）》，對建造地下鐵路提供了詳細建議。報告書內容建議為香港興建全長 52.7 公里的地下鐵路，合共 50 個車站，包括港島綫、港九綫、東九龍線、荃灣支綫及觀塘支綫。

◆◆◆◆◆◆

1972　1972 年香港政府成立**「集體運輸臨時管理局」**，並原則上同意興建報告書中 20 公里的鐵路，並於 1974 年與日本集團簽署單一承建合約。

同年 11 月，日本集團最終決定退出，集體運輸臨時管理局縮減興建首條地鐵的長度為 15.6 公里。

1975　1975 年地下鐵路公司成立。

◆◆◆◆◆◆

1979

地鐵早期路線圖

九龍

黃大仙
鑽石山
九龍塘
彩虹
樂富
石硤尾
九龍灣
旺角
1979年12月31日啟用
牛頭角
油麻地
觀塘
1979年12月22日啟用
佐敦
尖沙咀
中環
香港
金鐘

━━ 觀塘-石硤尾
1979年10月1日通車

━━ 石硤尾-尖沙咀
1979年12月16日通車

━━ 尖沙咀-中環
1980年2月12日通車

1979 在 1979 年地鐵正式通車時，共有 15 個車站。其中包
括觀塘至石硤尾、旺角至尖沙咀以及尖沙咀過海至中環
的路段。

1982 1982 年，港島線的建設開始動工。路線包括由柴灣至
上環，共有 14 個車站，中環及金鐘成為荃灣綫的轉車
站。在 1970 年《集體運輸計劃總報告書》中提及的西
營盤站至堅尼地城站，卻因成本和客量不足而擱置。直
到 2005 年，西港島線重新動工，屈地站向南移，變成
2005 香港大學站。西營盤站、堅尼地城站不變。

都市傳聞 一

西營盤與屈地街建地鐵
恐防驚動鬼門關

1985 年港島綫開始逐步通車，雖然香港政府公佈的藍圖中並不包括西營盤站至堅尼地城站，但據傳當時西營盤站及屈地站的大堂結構已經建成。然而，政府決定暫停通車，甚至對外公佈這兩個車站並不在興建計劃中。

早在政府有意興建港島綫時，住在西區的老街坊對西營盤和屈地街興建地鐵都持堅決反對的態度，因為西環一直以來都是一個極陰之地，靈異事件頻頻發生。在香港開埠早期，這裏是華人聚居地，許多義莊和義山為遠離家鄉的華人提供了臨時安置屍體的地方。此外，每逢農曆七月，西環一帶的靈異事件更是倍數增加，因此不少人相信西環是一個鬼門關所在地。在這個與靈界有緊密關係的地方進行如此大型的挖掘工程，街坊們相信一定會驚動靈體，甚至釋放出陰間的鬼魂。更有人認為在這裏挖掘隧道，是會接通地府，令此地陰上加陰。此外，這兩個車站的地理位置靠近聲名狼藉、普遍被稱為「高街鬼屋」的高街精神病院，因此大家對此非常忌諱。

詭譎的地鐵工程
鬧鬼事件頻頻發生

雖然西區居民一直反對，但工程在起初並沒有停頓或取消。傳聞當整條隧道打通後，怪事與意外便開始不停發生。建築工人有時會聽到漆黑無人隧道中傳出淒厲的叫聲，或詭異的笑聲。在他們工作期間，更經常發生大小意外，甚至傳出人命傷亡。慢慢地，工人們也害怕在這工作，最後演變成罷工。當時地下鐵路公司高層大多是英國人，根本不相信鬼神之說，所以就算有猛鬼傳聞傳出，他們也沒有考慮停止工程，甚至認為這只是華人的迷信。

為了打破鬧鬼傳聞，一名負責該項目的外國工程師帶了幾個華人工頭在深夜 11 時進入西營盤站的月台進行視察。當他們到達月台時，發現一名身穿白衣的女子站在月台車頭位置，所有工頭立即感到不妙，嚇得根本不敢再前進。唯獨是這名外籍工程師，認為這位女性是偷闖進來的破壞者。正當他打算上前質問，這名女子卻一躍而下，跳進路軌中。眾人驚訝地衝上前，卻發現路軌上根本沒有人，這名女子就在他們眼前消失了。

親眼目擊到這樣靈異事件的工程師不得不相信，並向地下鐵路公司的高層匯報。然而，由於該工程規模龐大且牽涉廣泛，地鐵公司當然不希望停止工程，於是只能用木板封鎖整個西營盤站的月台，以暫時安撫建築工人。儘管如此，鬧鬼事件並沒有停止，反而變本加厲。這名白衣女鬼開始在其他車站出現，而且每次出現的時間都是在晚上 11 時左右。事件越鬧越大，最終迫使地鐵公司請來法師，在暗中舉行法事，以解決鬧鬼事件。後來，法師查明原委，發現白衣女鬼來自高街精神病院，她曾經是該院的女病人，但她當時並沒有任何精神問題，只是社會風氣認定她有病，便強制性地把她長期關進精神病院。經過長年折磨，她最終在某夜 11 時一躍而下，自殺身亡。法師更指出，只要高街精神病院存在，這幾個站就不適宜繼續工程，因為鬧鬼事情將繼續發生，甚至可能釋放更多冤魂，到時定必一發不可收拾。

最後，在 80 年代建成的港島綫中，並不包括西營盤站、屈地站和堅尼地城站。財政司彭勵治以西區發展未完善，加上財政問題為理由，解釋這 3 個站消失的原因。2001 年，高街精神病院終於被拆卸，只保留了花崗石立面及 L 形走廊；2005 年，西港島線重新動工，西營盤至堅尼地城站得以出現，但屈地站變成了香港大學站，傳聞中舊屈地站的大堂並沒有再次使用。

血染石獅!!!
植物公園突襲事件

出現地點📍	出現時間	
香港動植物公園	30-40年代	**石獸**

香港動植物公園

HONG KONG ZOOLOGICAL & BOTANICAL GARDENS

香港動植物公園位於港島半山區，
鄰近香港公園，
正門位於雅賓利道，
是全港首個建造的公園。

1864 公園在 1864 年便已開始局部開放，1871 年正式全面開放。公園原本是叫「植物公園」並只栽種植物，但自 1876 年，公園亦開始慢慢飼養動物。

1941 1941 年，日軍佔領香港，港督楊慕琦投降，香港進入三年零八個月日據時期。這段期間，公園被改名作「大正公園」。 1942 年，日軍欲在香港打造神社，選址植物公園園內，公園被封。

1975 在 70 年代，公園擴建，開始引入更多哺乳類及爬蟲類動物，1975 年改名為「香港動植物公園」。

此外，公園亦有個別稱為「兵頭花園」。它原是香港開埠初期 1841 至 1842 年的督憲府，亦稱禮賓府、港督府、督憲府或督轄。亦即香港總督兼任駐港三軍總司令，簡稱港督，居住的地方，而本地華人喜歡以「兵頭」稱呼總督，因此將這公園稱作「兵頭花園」。

公園原本在 1883 年開始，放置了香港第 7 任港督堅尼地的銅像。但是在香港日佔時期，公園被日軍佔領及改名作「大正公園」。港督堅尼地、匯豐銀行銅獅子和維多利亞女王等銅像，都被當時日本推行的「獻銅運動」[1]的支持者所拆去並運走去日本。經歷三年零八個月，日軍投降並撤退，但是並沒有主動交還所有銅像。1946 年美軍在日本發現這些屬於香港的銅像，經過一番周旋，銅像最後運回香港。但是部分銅像經已被溶解，當中包括港督堅尼地銅像。

維多利亞女王像、匯豐銀行一對銅獅子等僥倖逃過大難。1958 年，為慶祝香港開埠百周年，原本擺放港督堅尼地銅像的空位，改放了英國國王佐治六世的銅像[2]。

逃過大難的銅獅子

1 「獻銅運動」

由於戰爭，日本當時物資短缺，金屬原料、燃料等皆為戰爭原料消耗品，非常缺乏。因此他們在日本推行「獻銅運動」，在民間收集大大小小的銅製品，熔掉並轉為軍事用品。香港當時已被日本佔領，所以亦有支持者出現，將香港所有銅像拆去，並運回日本。

2 英國國王佐治六世的銅像

早在 1941 年，香港政府已有計劃豎立國王銅像，疑於日軍當時已蠢蠢欲動，最後香港更經歷三年零八個月，導致時間一再押後。

香港動植物公園具有悠久的歷史，其中多個建築已被古物古蹟辦事處評定為一至三級歷史建築。其中包括被評定為一級歷史建築的「紀念戰時華人為同盟國殉難者」[3]牌坊。牌坊前後各有一對作為瑞獸的雄性石獅子[4]鎮守。傳聞太平山有兩條龍脈，一條由山頂纜車落至金鐘政府總部，另一條由舊山頂道，經香港動植物公園，再落港督府和匯豐銀行。這條經香港動植物公園的龍脈，卻受一道上湧的煞氣影響，因而需要擺放這四隻石獅鎮壓。而石獅吸收日月精華，開始再引伸出其他傳聞。

註 **3 紀念戰時華人為同盟國殉難者**

「紀念戰時華人為同盟國殉難者」牌坊建於 1928 年，為紀念 384 名
死於第一次世界大戰，被盟軍徵集並前往伊拉克前線，擔任後勤的香
港華工。其後第二次世界大戰，牌坊被損，香港政府其後修補，並同
時悼念於二戰為同盟國殉難的華人。

4 雄性石獅子

石獅子通常一對為雌雄。腳踏繡球為雄性，腳踏幼獅為雌性。此四石
獅皆踏繡球，故全是雄性。

植物公園夜半巡邏
驚見四隻石獅神秘出沒

聽說在 30、40 年代，植物公園閉門時間比現在早，黃昏左右便會閉園，然後會有管理員巡邏。有一晚，管理員巡經水池附近，看到四隻動物在池邊飲水，當時的街道還是使用煤氣燈，昏暗燈光下，管理員並不肯定牠們的身份，以為只是野犬，一時不敢接近。

為了確保安全，他拾起附近的石塊，投向水池，希望把這四隻生物嚇跑。這四隻動物確實受到驚嚇，然後急忙逃向公園的大門方向。牠們的姿勢、外貌相當奇怪，走路的時候更有敲石聲。管理員終於稍微看清牠們，但是一時三刻，卻說不出牠們的名稱，只感眼熟。管理員以為牠們是園內走失動物，邊走邊大叫其他員工出來圍捕。而牠們的速度很快，轉眼間便在管理員眼前消失。當其他員工拿着捕獸繩索，趕到公園門前，只見原本的管理員驚得目定口呆，並瞪着那四隻石獅，而那四隻石獅的嘴都不但濕，而且尚在滴水，彷彿剛喝完水般。

都市傳聞 二

植物公園石獅血腥事件
情侶慘遭石球襲擊

石獅除了喝水外，還有另一傳聞在同時代發生。某日，一對情侶途經石獅附近，卻突然有粒拳頭般大小的石球打中男方，男方頭破血流，他們四處張望，卻找不到兇徒，只剩地上的石球，而它的大小巧合地跟石獅口中的石球相若。其後陸續有其他情侶發生相同事件，大家開始認為是石獅傷人。

警方完全不相信種種流言，為求破案，他們派遣警員假扮情侶進行調查。假扮男友的警員同樣突然被石球襲擊，但是他卻即時斃命。四周埋伏的警員完全找不到兇徒，唯獨發現石獅口中帶鮮血。

警方終於相信了這個傳聞，並請來法師，在吉日良時，將石獅口中的石球去除並清除眼中的硃砂。從那以後，再沒有發生類似的意外。

電影與現實!!!
皇室堡劫案

出現地點 📍	出現時間	
皇室大廈	2007年後	天台遊樂場

温莎公爵大廈/皇室大廈

WINDSOR HOUSE

温莎公爵大廈於 1979 年落成,坐落於銅鑼灣鬧市中、維多利亞公園旁邊,原址為牛奶公司的冰廠[1]。

大廈樓高 39 層,分為辦公大樓和商場兩部分,上半部分辦公大樓 (曾用作政府稅務局總部[2]),下半部分則是商場。大廈在 1987 年變賣,其後改名為皇室大廈。

1994 年港產片《國產凌凌漆》於大廈商場內取景,片中一幫湖南人搶劫金舖,當中的湖南人阿雄不但挾持德仔作為人質,其後更殺死「德仔老竇」。特務阿漆因而為他報仇,以飛刀把這一幫搶匪殺死。這一段深入香港人心的戲,成為了網民熱話,喜歡以「1994 年皇室堡劫案」為名,當作一件真實事件去討論。

註

1 於 60 年代,曾經有人在冰廠內飼養了一隻企鵝,更於每日下午 4 時帶牠在銅鑼灣區散步,形成一種獨特的景象。

2 香港政府稅務局總部在 1991 年搬離銅鑼灣到灣仔現址。

都市傳聞

皇室大廈之謎：
頂層的神秘荒廢遊樂場

雖然狐仙事件在 1983 年被傳聞中的法師處理後宣告落幕，但在千禧年左右開始，卻有另一後續傳聞在這座大廈出現。由於香港政府在 2007 年全面實施室內禁煙條例，不少煙民只好前往後樓梯、天台、後巷等地吸煙，以避免觸犯條例。亦因如此，開始有傳在這大廈工作的員工，發現大廈頂層有一個簡陋的荒廢兒童遊樂場。由於這座大廈由辦公大樓和商場組成，比鄰近的建築物較高，所以一直未被人發現。這座遊樂場剛剛被發現時，傳聞是有一座滑梯和一座鞦韆，後來卻只剩下那座鞦韆，滑梯不翼而飛。與一般遊樂場不同，它的地上並沒有鋪上軟墊，只是使用一般天台的水泥地；牆上亦沒有髹上鮮艷的顏色，只是平淡的灰白色。整個環境與一般天台無異，只是格格不入地多了那些遊玩設施。

人們對這座神秘的荒廢遊樂場眾說紛紜，有傳聞說是為安撫頑皮的小狐仙們而設，令牠們樂而忘返，不再在商場搗蛋；亦有傳是為了紀念被狐仙殺害的小孩而建立的。

狐仙降臨
成為話題中心!!!

出現地點 📍	出現時間 🕐	
溫莎公爵大廈	1983年	**銅鑼灣狐仙**

神秘雲石牆浮現狐仙臉孔
引起市民狂熱追捧

1983 年某日，市民突然發現温莎大廈正門扶手電梯旁的巨型雲石牆上現出狐仙的臉孔。傳聞最初只是突然出現一個巨大的狐狸臉孔，翌日在這一個巨型臉孔附近，亦浮現多個大小不一的狐狸臉孔，牠們環繞着中間那個最巨型的。但對於狐仙顯現的數量一直眾說紛紜，有些人說看到 9 個狐仙臉孔[1]，在雲石紋間清晰可見，亦有些人說只看到了 1 個，甚至沒有。

廣大市民蜂擁而至温莎大廈，只為一睹狐仙真面目。雖然大家爭相一睹狐仙，但是大家同時亦傳聞着不能望着狐仙的眼睛，認為會被牠迷惑；及不能用手指着狐仙，認為會被牠發現你看着牠，使牠一直回望你。更有人聲稱看完狐仙後，回到家中感到不適。如此種種，使各大報章雜誌爭相報道，其後更有電影[2]、電視劇[3]以此為題材。事件發生後翌日，商場極速應變，為雲石牆蓋上一幅巨型紅布，阻止民眾再度前來觀看狐仙。

1 9個狐仙臉

關於狐仙顯現的數目，
由 1 至 9 隻亦有人談及，
但是並沒有多於 9 隻。

3   電視劇

處境劇《香港 83》中的《以訛傳
訛》，演員包括：黃新、梁葆貞、
梁仲芬、顏國樑、羅君左。

2   電影

紀錄片《大迷信》（1992 年）
盧庭傑導演，李居明主演。

恐怖夢魘成真
狐仙帶來的致命悲劇

與此同時，商場開始出現狐仙在晚上搗亂的傳聞，店舖貨品被推倒、翻亂等情況持續發生在結束營業的時段。其後，更開始傳出另一個發生在商場大酒樓[4]的傳聞：一對夫婦某夜在這間充滿氣派的酒樓內，為自己的初生孩子設百日宴。他們的宴會非常盛大，把整間酒樓都訂下來招呼賓客。宴會非常成功，大家都盡興而歸。

當晚，這位太太在家中睡覺時，卻夢到了一個非常可怕的景象。夢中太太依然睡在床上，床邊卻有一隻盛怒的狐狸。狐狸擁有血一般紅的雙眼，露出滿嘴利齒。牠對於自己身份地位感到自豪，認為自己是溫莎商場的主人，卻不被這對夫婦邀請，更論及敬酒，感到不被重視，是大為不敬，因而決定懲罰這對夫婦。牠走近嬰兒，然後凶狠地把他撕成碎片。夢到這裏，太太便被這殘忍可怕的景象嚇醒，當時她還在大叫着：「不要食我 BB ！」，更把旁邊的丈夫也吵醒了。她猶有餘悸，一五一十的把夢境告訴丈夫。

丈夫聽完太太的說話後，雖然認為這只是一個夢，但是為求安心，便起床陪伴太太走到嬰兒床邊，看看嬰兒的狀況。當他們到達嬰兒床前，看見的卻是面無血色，已經**停止呼吸的嬰兒**[5]。其後驗屍報告更驗出，嬰兒體內所有血液離奇流失。

短時間內出現如此大量傳聞，商場只能以紅布暫時覆蓋，但是卻不能拆走或擊碎雲石牆，認為這樣做狐仙便會自由，周圍移動。當時所有在附近擁有雲石牆的大廈，亦非常害怕狐仙會在自己的牆中出現，造成一陣恐慌。

為此，傳聞商場高層找來當時享負盛名、法力高強的法師，以解決狐仙顯現這事件。法師到達當日，天色突然大變，烏天黑地。他以法收伏了狐仙，認為狐仙法力高強，比起消滅，更適合進行正向的修行，所以帶走了狐仙去台灣陽明山，傳聞這亦是台灣盛行狐仙信仰的原因之一。

4 酒樓位置是在商場三樓全層，正門對着顯現了狐仙的雲石牆。

5 亦有一講法是這對夫婦去到嬰兒房後，發現嬰兒從此失蹤。

虎豹別墅

難以逃離的家族命運!!!
虎塔中的狐仙

出現地點 📍	出現時間	虎豹別墅狐仙
虎豹別墅	1983年	

虎豹別墅

HAW PAR MANSION

1935 年，緬甸華人富商胡文虎先生在大坑道渣甸山山腳，興建了一座中式文藝復興風格的私人別墅與花園。

1950

1950 年胡文虎先生為了宣揚佛法及提醒後人因果輪迴等種種道理，更把花園開放給市民參觀，這便是港人所熟知的虎豹別墅及萬金油花園。萬金油花園以揉合佛教典故及民間信仰中所描繪的十八層地獄為主題，花園內遍佈鬼、神雕像及壁畫，生動的展現各層地獄的景況，以教化世人勿做惡事，灌輸種種傳統儒家道德思想。花園內有座樓高 7 層的 6 角白塔，人稱「虎塔」，高 44 米，是花園內一大地標。

1999

1999 年虎豹別墅停止對外開放，業權人及發展商對政府提出換地申請，希望重新發展這地為其他項目，當時長江集團以一億元收購這萬金油花園群組。

2004

在 2004 年萬金油花園被拆除，長江集團與香港政府協商後，別墅給予了政府作保存。

2009

在 2009 年別墅更被列為一級歷史建築，及開始為其活化對公眾展開咨詢；2019 年虎豹別墅活化為一音樂學院「虎豹樂圃」，更開放給公眾參觀；2022 年底因無法再持續營運而關閉。2023 年虎豹別墅將於 6 月，重新開放予市民預約參觀。

2023

都市傳聞

胡氏家族供奉狐仙
萬金油花園的神秘力量

以十八層地獄為主題的萬金油花園十分詭秘迷離，傳聞花園在每日午後 5 時後便會充滿鬼魅氣氛，因此花園的閉園時間定為下午 5 時，公園管理員每日都會大為緊張地確保所有遊客必須在 5 時前離開。

此外，花園中有一個中式 7 層高塔，名為「虎塔」。虎塔雖然位於公園範圍內，但是沒有對外開放，塔內的狀況一直成謎，只知道是胡氏家族供奉先人及胡文虎妻子的地方。不知何故，大家開始流傳着胡氏家族在塔的頂層供奉着狐仙這個說法，甚至認為胡文虎取名其養女為胡仙，是和他們供奉狐仙有關。坊間認為，萬金油藥業能成功，便是託狐仙所賜，因為拜祭狐仙能提升生意業務。

在 1983 年某日，香港下着滂沱大雨、雷電交加，當時有不少雷電打在萬金油花園和虎豹別墅一帶。翌日，花園的員工

為園內牆壁進行清潔時，卻發現某一幅牆壁上出現了數個狐狸臉孔。他們議論紛紛，對於這幅牆壁束手無策，最後離去並去向上司報告。第二天，當他們連同上司帶來的道士一同回來，卻發現牆壁上那些狐狸臉孔早已消失。那位道士還是把黃符貼在牆上，事件暫時告終。

其後，傳聞有一的士司機在某晚上，打電話到電台，以充滿驚恐的聲音說剛才在山上駛往銅鑼灣方向時，有一隻超級巨型狐狸經過他車前的馬路，向着銅鑼灣方向而去。不久以後便出現溫莎公爵大廈的狐仙傳聞，而狐仙在溫莎公爵大廈所顯現的數目，正正便是當時在虎豹別墅所顯現的數目。

至於胡氏家族所供奉的狐仙出自何處，亦有另一傳聞：在薄扶林擁有牧場的牛奶公司，傳聞一直供奉着狐仙，希望狐仙能夠看顧着牧場中的乳牛。而牛奶公司所屬，位於銅鑼灣的冰廠，其地理位置正正便是溫莎公爵大廈的前身。在冰廠搬走後，這些狐仙便被帶往了虎豹別墅，被胡氏一家所供奉。

香港島

完

新界圖鑑

鬼交通警

屯門鯉魚精

望夫石

青山公路快相鬼

屯門公路爛賭鬼

西貢結界

志樂別墅金龍

超高速紙紮車

張保仔

運頭塘無頭鬼

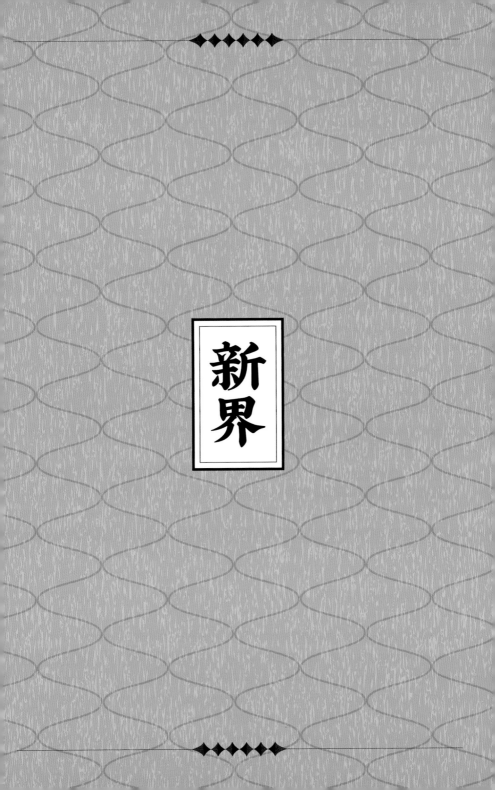

新界

致命危險!!!
生死交錯的水域

出現地點📍	出現時間🕐	
屯門藍地水塘	60年代	**屯門鯉魚精**

屯門藍地水塘

藍地水塘又名「老虎坑水塘」，位於屯門虎地，
鄰近 1 公里內還有洪水坑水塘。
這兩個水塘都屬於大欖涌水塘的延伸，
同時也屬於大欖郊野公園範圍內。

藍地水塘位置

天水圍
元朗
藍地水塘
屯門
龍鼓灘
大欖
大嶼山

藍地水塘是一個漏斗形的灌溉水塘[1]，最深處水深達 20 米，該水塘於 1957 年啟用，至今仍在使用。

註

1 香港總共有 18 個供飲用的水塘，以及 8 個供灌溉用途的水塘。灌溉水塘是專為農民提供灌溉所需的水源而建造的。

切勿亂入溺水之地
暗藏鬼魂與死亡陷阱

藍地是屯門陶氏[2]的聚居地，他們自元末已遷入。對於附近的水塘，一直流傳着有「塘底有鯉魚精」的傳聞，甚至更稱藍地水塘為「猛鬼水塘」。年長的村民亦一直告誡後代，不要前往該水塘嬉戲。因為他們認為鬼節前後，總會有小孩在此喪命。事實上，藍地水塘經常發生致命意外，2001、2002 年更連續兩年有小童溺斃。當時曾一同跌落水的小童聲稱，感覺到有東西在水中捉着他的腳，幸好當時他奮力踢開，否則也會喪命。這種「鬼拉腳」現象在藍地水塘經常發生，傳聞也有人曾在這水塘中感覺有東西拉着他的腳，他潛到水中，卻看不見任何東西在拉他，但是腳上的感覺依然存在。幸好當時有其他人看見他遇溺，把他拉起。

註

2 屯門陶氏相傳是陶淵明後人。

都市傳聞 二

被色彩斑斕所誘惑
鯉魚精予孩童的詛咒

傳聞曾經有個小孩在藍地水塘塘邊，水深只有約 1 米的地方，看見一條閃閃發光、色彩斑斕的鯉魚。小孩因為看見牠漂亮，情不自禁地追逐，最後卻遇溺。雖然意外發生的地點只有約 1 米的水深，但是小孩很快便失去蹤影。過了幾天，村民依然找不到小孩的屍體，最後把西瓜拋入水塘，屍體才浮上水面。驗屍後，發現小孩的肺部並沒有水，反而是頸部有捻痕。因此村民相信那條色彩斑斕的鯉魚，便是鯉魚精，是牠把小孩殺死的。

不少村民聲稱曾經見過鯉魚精，牠通常在淺水區域徘徊，吸引人追逐牠，然後乘機把他拉落水底。另外還有一種說法，鯉魚精是一個渾身濕透的長髮女孩，會在大家嬉水時突然出現又突然消失，不停尋找能把小孩拉落水底的機會。村民還相信，如果有人在藍地水塘捉了一條別人放生的鯉魚，便會有一個小孩在水塘死去；如果捉了兩條，便會有兩個小孩死去。

屯門公路・青山公路

開枱喇!!!

午夜屯門雀局

出現地點 📍	出現時間 🕐	
屯門公路	90年代	**屯門公路爛賭鬼**

屯門公路

TUEN MUN ROAD

屯門公路於 1978 年開始通車，
是全港首條高速公路。
當時全長只有 17 公里，共 3 條行車線，
分別是 2 條往荃灣方向、 1 條往屯門方向。

1982 第二行車線通車的路段分別為青龍頭與大欖角段、深井
至青龍頭段與小欖至掃管笏段。

1983 1983 年最後一期工程完工，使屯門公路的總長度增至
19.3 公里，這段路位於近荃灣柴灣角。屯門公路的建
造工程非常艱鉅，因為大部分路段是依山而建，需要進
行大量的削填斜坡工程，同時還建造了許多高架橋以連
接道路。

在 80 年代末至 90 年代初，屯門公路使用率接近飽和，
經常出現交通擁堵的情況，繁忙時間的車流量最高達
4,500 架次，而其設計容量只有 1,000 架次，無法應對
高峰時段的交通需求。

1994 為改善屯門公路的交通擁堵問題，香港政府於 1994 年展開改善工程。該工程包括在往荃灣方向的三聖墟、掃管笏、大欖及汀九段加建一條爬坡行車線，同時在相應路段設置「緊急避車處」。

1996 掃管笏段率先於 1996 年通車，但是由於 1995 年的塌石意外導致一名司機死亡及一名乘客受傷，再加上颱風肯特的影響，承辦商為公眾安全起見，堅持要封閉往九龍方向的所有行車線才能繼續進行工程。然而，政府認為這樣的方法不可行，因此工程一度停止進行。直至 2000 年左右，政府重新啟動了工程，並於 2015 年完
2015 成了全面改善工程。

屯門公路作為連接屯門和荃灣的主要通道，每天車流量非常高。由於屯門公路依山而建，途經多處偏僻之地，加上頻繁發生的交通意外，使得人們對該區域產生了一些超自然的觀念。久而久之，屯門公路被認為是個靈體找替身的地方。

都市傳聞 一

荒野鬼魂聚餐
公路上的四人麻雀

在 90 年代初，流傳著一個故事，據說過了午夜，人們可以在**屯門公路旁邊**[1] 看到四個正在**打麻雀的人**[2]。他們四人雖然位於荒野，但是卻有一盞格外明亮的燈，伴着經典的街市紅燈罩，照射着他們。當時屯門公路的路燈非常微弱，四周比較黑暗，托襯得他們詭異地明亮。而他們在荒野中，幾乎沒有可能找到電源供電給那顆電燈。那顆電燈是吊在半空中的，而連接它的電線，則在半空中消失掉。這四人的衣着亦十分突出，他們穿着住十多年前流行的打扮—長髮、貼身花恤衫、喇叭褲。如此種種，大家深信這四人是在屯門公路意外死去的亡靈，因為太苦悶而相約在此打麻雀。

註

1 亦有一講法是在馬路正中央。

2 傳聞中 4 人均是男性，從外表看來沒有異樣。亦有另一個講法，不論是人、燈、枱、櫈都是由紙紮成，並非正常的人或物件。

都市傳聞 二

午夜三缺一
填補空缺的邪惡邀請

除了四人在馬路旁邊打麻雀外版本外，還流傳着一個更為惡意的版本。有些職業司機聲稱只看到三人在打麻雀，這意味著他們缺少一個玩家，暗示他們正在尋找替身，並且會帶走那些看到他們的人，填補這個空缺，一起在另一個世界打麻雀玩樂。

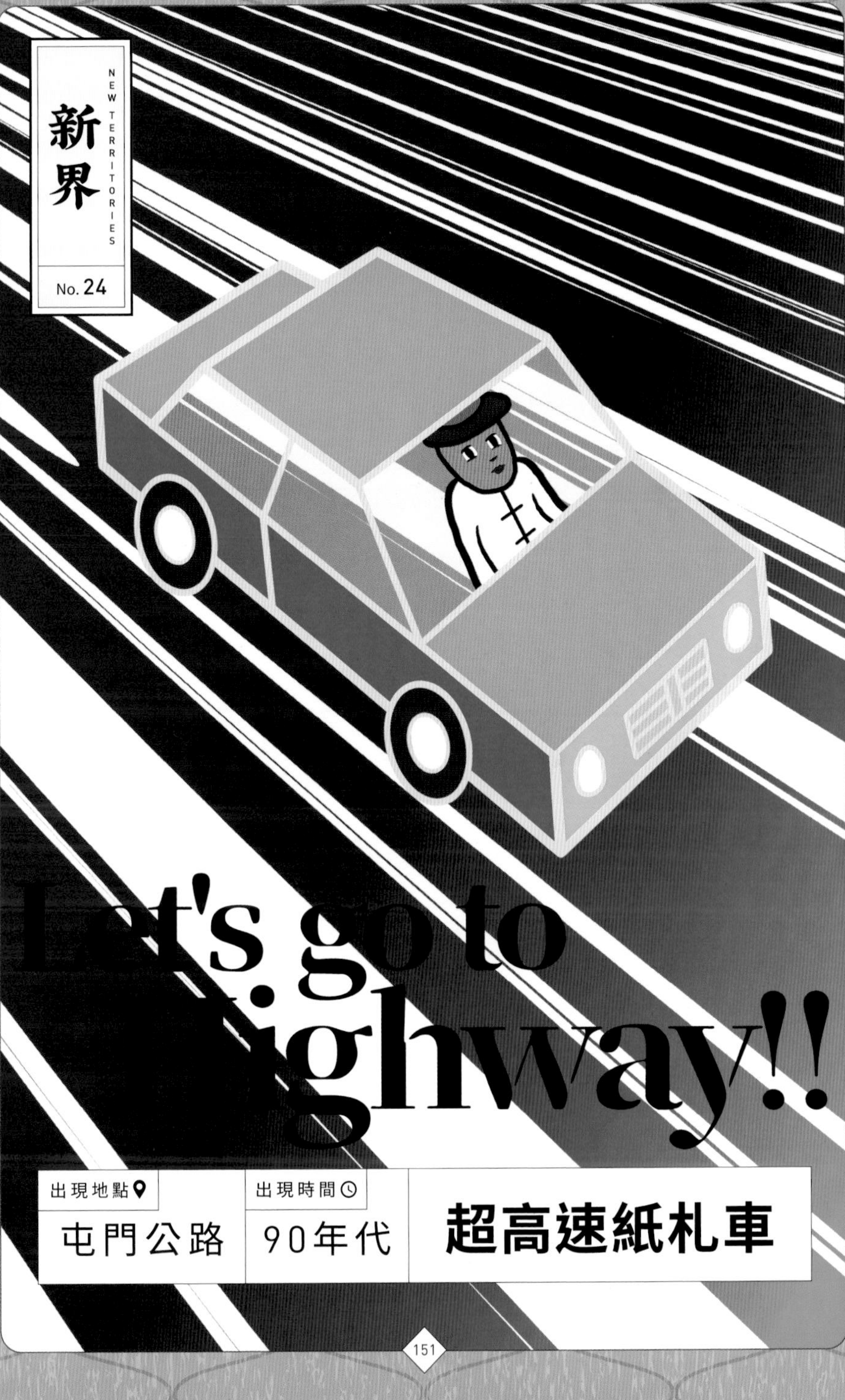

出現地點	出現時間	
屯門公路	90年代	**超高速紙札車**

來自鬼警
超速驚魂的懲戒!!!

出現地點📍	出現時間🕐	
屯門公路	2000年	**鬼交通警**

新界
NEW TERRITORIES
No. 25

屯門公路是連接屯門和九龍的主要高速公路，每天的車流量極高。但是它的設計對於現代的標準來說，卻充滿缺陷。在屯門公路通車第 14 天，便發生了**一單致命車禍**[1]。

為了調查和分析屯門公路的安全性，香港政府在 2003 年成立了「屯門公路交通事故獨立專家小組」。報告指出，雖然公路基本上是安全的，但仍有很多區段不符合現行的安全標準，例如彎道過急或坡道過高等。

此外，由於屯門公路這些特性，吸引了很多人到此非法賽車。而屯門公路總長 19.3 公里，很多司機為節省時間，亦會超速駕駛。所有這些因素，促使屯門公路經常發生交通意外和嚴重事故，所以屯門公路亦有**「猛鬼公路」**之稱。

註

1　1978 年 5 月 19 日接近早上 6 時，一架平治房車由屯門駛往荃灣方向，撞上燈柱，車內一對男女當場死亡。

都市傳聞

超速罰單的幽靈審判
鬼警過身仍盡責執勤

大約 20 多年前，屯門公路上出現了一個傳聞，講述一名盡忠職守的交通警，在死後依然盡責，專門捉違規司機。大家流傳着，這名鬼交通警就是在 2000 年 11 月 18 日發生車禍身亡的那位警察。

當天清晨約 5 時 30 分，一輛私家車在屯門公路往屯門方向行駛時，在小欖段近沙倉對開失控，撞向鐵欄，然後彈出馬路橫跨中、慢車線，車內的二人受傷被困。其後警方及消防到場，封鎖中、慢車線以救援被困傷者。他們在距離車禍現場 200 米設置雪糕筒及開着藍色閃燈，示意車輛需要改行快線。其後一輛 5.5 噸貨車途經現場，企圖切線爬頭，卻發現警方設置了路障。於是貨車立即扭轉方向切回快線，卻不慎撞到一名警員，將他夾在貨車和消防車尾之間，這名警察最終傷重不治。

自此以後，便開始流傳着鬼交通警繼續執勤——專門捉超速車輛——這個傳聞。他與一般的警察無異，在屯門公路某段路上，會對超速或超載的車輛發出告票。當司機持着告票，到郵局付費時，便會發現這張告票並沒有生效，因為它除了是舊款告票外，發告票的警員編號早已失效，因為那名警察已去世多年。

除此以外，還有不少人聲稱在屯門公路目睹這名交通警會突然在眼前出現，然後又突然消失；或者在超速行駛時被這名交通警攔下，交出車牌等待他開罰單時，卻發現這名警察已經消失了。

車禍現場地縛靈

鬼快相!!!

出現地點 ♀	出現時間 ⏱	
青山公路	1993年	**快相鬼**

青山公路
青 龍 頭 段
CASTLE PEAK ROAD

青山公路於 1920 年建成，
全長 51.4 公里，分 22 段，是全港最長的行車路。

◆◆◆◆◆◆◆

在屯門公路、元朗公路、新田公路和葵涌道建成之前，青山公路是唯一連接新界北、新界西至九龍西的公路。當時只有兩條公路連接九龍與新界，其一是大埔公路，連接九龍西與新界東；另一條便是青山公路。這兩條公路形成了一個環狀設計，將整個新界與九龍相連，總長度為 86.1 公里。青山公路於 20 世紀 20 年代完工，當時使用的是英里為單位，因此沿途的位置常以咪（Mile）來稱呼，以表示距離天星碼頭的里程，例如 17 咪是青山酒店，18 咪是黃金海岸等。由於當年科技不發達，公路上更有不少里程碑以提示駕駛者地點，里程碑亦是以英里去表示。

青山公路現在通常被稱為**「舊路」**或**「下路」**，因為屯門公路的開通使得青山公路的某些路段簡化，並直接連接了九龍和新界西部，但也有些地段與青山公路平行並重疊。青龍頭段連接深井和大欖，曾經是連接市區的主要道路。屯門公路開通後，車流量明顯減少，但附近居民仍然依賴這段路進出。

都市傳聞

沙倉老太太鬼魂現身攝鏡
驚人「鬼快相」曝光

自屯門公路開通後，青龍頭沙倉一帶一直以猛鬼聞名，不少交通意外在此發生。深井青龍頭是龍脈中的龍頭，頭部一直延伸至海邊吸水。然而，由於屯門公路的興建，龍頭被斬斷，為該地帶來了煞氣。同時，龍也具有壓制妖魔鬼怪的能力，青龍一死，此地的妖魔鬼怪自然能夠為非作歹。

1993 年 12 月 11 日，《天天日報》在其《重要新聞版》刊登了一張獨家的清晰「鬼快相」，位於現在的 B1 頭版位置，標題是**「影快車相影到鬼魂」**。對於當時的普羅大眾來說，這是十分震撼的一件事，當日的《天天日報》在短時間內完全售罄。

鬼相是來自警方在 11 月 6 日凌晨時放置在青山公路沙倉附近的一部超速偵緝相機拍攝的。原本相機是瞄準一輛超速車輛拍攝的，曬出來後，卻發現相片右下角出現了一個橙黃色眩光，光團中央站著一個疑似老太太鬼魂，五官清晰可見。

根據報道，同一位置 在 5 天前，有一奪命車禍發生。司機撞到一位老太太後不顧而去。而這位老太太的外貌，與鬼快相中的老太太十分神似。

至於老太太在那個地點出現的原因，也有一些傳聞。事發地點位於大欖涌海事訓練學院附近，與老太太相依為命的青年正在這學院就讀，卻因被同學欺凌，到附近山坡吊頸自盡。老太太聽聞噩耗，趕至現場，卻不幸被車撞死，命送於此。

志樂別墅

荒廢別墅
鬼魂與幻象之謎!!!

出現地點 📍	出現時間 🕐	志樂別墅金龍
青山公路	90年代	

志樂別墅

CHI LOK VILLA

位於屯門青山灣泳灘段 116 號,
斜對面便是青山灣的志樂別墅,建於 1955 年。

◆◆◆◆◆◆◆

已故商人盧子樂以 27,000 元向政府購入整幅地皮,再興建了一座豪宅,門前花園更有別緻金龍作裝飾的水池、為紀念屋主先父而建的涼亭、小橋流水等。在 60 年代,許多文藝、武俠電影都到此別墅取景,其中包括張瑛與嘉玲主演的《小姐、先生、師奶》(1967)、謝賢、蕭芳芳與黎婉玲主演的《窗外情》(1968)等。在志樂別墅附近,還有三座豪華的酒店也是 60 年代香港電影熱門取景地,它們分別為容龍別墅、青山酒店和鹿苑酒店。當年還沒有屯門這個名字,大家普遍稱那一帶為**「青出區」**。直至 70 年代末,盧氏一家遷出別墅,將別墅拆為四份分別出租,最後一名租客在 1986 年搬離別墅。1987 年劉鑾雄兄弟、寶詠琴、龔如心和王德輝等合組的公司以 1,100 萬元買起了別墅,此公司後屬華懋集團,而別墅亦自此一直被荒廢。直至 2006 年,華懋集團決定拆除志樂別墅並改建為住宅大廈。

◆◆◆◆◆◆◆

創辦於 1960 年的華懋集團，主席為王德輝先生與他妻子龔如心。他們於 1955 年共諧連理，夫妻恩愛。富商王德輝曾經遭遇過兩次綁架，首次發生在 1983 年 4 月，當時匪徒將夫妻二人同時綁架，然後先釋放龔如心，要求她準備贖金。最後，龔如心支付了 1,100 萬美元的贖金以解救丈夫。其後一個月內，警方拘捕了 3 男 1 女歸案。

1990 年 4 月 10 日，王富商再度被綁架，綁匪在東方日報及星島日報刊登廣告，要求 10 億美元作為贖金，首期需支付 6,000 萬美元。雖然綁匪收到部分款項，但他們並未釋放王富商，王德輝從此失蹤。一個月後，其中一名綁匪鍾玉球自首，並供出三名疑犯，但主腦仍在潛逃。在 1991 至 1993 年期間，警方先後逮捕了六名疑犯，當中曾一度斷去線索，幸獲台灣警方破獲一宗洗黑錢案，輾轉間緝拿了鍾志能等人。

直到 1999 年，王富商失蹤已超過法定的七年期限，香港高等法院正式宣佈他在法律上已經被宣告死亡。

都市傳聞 一

志樂別墅鬼魅傳聞：
神秘燈光與消失人影

志樂別墅自 1987 年被收購後一直荒廢，與商人王德輝的關係千絲萬縷。王富商被綁架後，有傳言稱綁匪將他囚禁在別墅內，並在工人房中將他殺害埋屍。這段時間，有關志樂別墅中的鬼魂傳聞也開始瘋狂流傳。附近海景花園的居民覺得別墅陰森，晚上還聽到奇怪聲音，看到奇異光線和白色幻影等現象。連附近的小學生都流傳着各種傳聞，例如：這個荒廢的別墅曾經是林子祥父親的居所，或者只要在金龍水池對面小便，金龍就會轉動等等。在 90 年代，傳聞有名司機駕車經過附近，驚見原本荒廢的別墅燈火通明，他深感奇怪，決定停車前往一探究竟。他躲藏在茂密的樹林中，看見屋內非常熱鬧，彷彿正在舉行派對。然後他注意到二樓露台上的紅裙女子好像發現了他，向他揮手。他嚇得落荒而逃，隱約覺得這事十分靈異，同時亦深怕這裏可能涉及非法勾當。離去後便立即駕車去附近警局，然後帶警員回來這座荒廢的別墅，希望警員能調查清楚事件原由。奇怪的是，當他帶警員回來後，那些燈光與人也消失得無影無蹤。

都市傳聞 二

荒廢別墅探險的噩夢
男子失常失蹤

另一傳聞中，有 5 名青年進行別墅探險，分成兩隊：1 男 1
女上別墅 2 樓，另外 1 男 2 女則在花園。當 2 樓那對男女
剛開始他們的探險時，少女便表現得非常不自然，然後着男
友人一起回地面與其他人會合。回到地面後，他們發現地面
3 人中的男子失去蹤影，根據其他兩位少女所說，那男子一
開始便失常般跑走了，只剩下她們兩人，她們遍尋不獲。這
時，剛剛表現得非常不自然的少女情況開始變差，他們四人
只好暫時離開。回到市區後，身體不適的少女表示，剛剛在
2 樓看見一名半透明女性坐在窗邊，半身在外，對着她笑，
所以少女嚇得魂不守舍，希望盡早離開。一直陪伴她的男子
聽後心感不妙，立即找來數名男性好友，再次回到別墅尋找
失蹤的朋友。數小時過去，他們依然找不到失蹤的那人，直
至他們當中一個曾學法的同伴請示祖師爺，他們終於在金龍
水池中找到那位失蹤男子。當時他就像着了魔一般，不停地
在池底尋找遺失了的銀包，假如一直尋找不到他，恐怕他便
會喪命於此。

廢墟中玩野戰遊戲
遭遇神秘斷手事件

最後一個傳聞發生在 90 年代中，當時一班野戰愛好者相約在已變成廢墟的置樂別墅中進行攻佔遊戲。其中一名青年獨自躲藏在別墅的涼亭中進行監視，在他聚精會神之際，突然有隻手拍在他的肩膊上。他下意識的撥開那隻手，說：「唔好玩啦！敵軍就嚟到喇！」說完後，他才意識到自己是唯一一個在這涼亭的人，他回頭一看，發現四下無人，地上卻有一隻正在動的斷手。

別墅的鬧鬼傳聞一直有增無減，包括金龍會隨着時間的不同而移動；金龍被鬼魂附身，每到晚上便會咆哮等。在 90 年代末至千禧年間，更有不少攝製隊為此去拍攝，直至別墅被拆，事件才告一段落。

志樂別墅

大埔・沙田

被詛咒的無頭鬼魂!!!

出現地點 📍	出現時間 🕐	運頭塘無頭鬼
大埔運頭塘	90年代	

大埔運頭塘

WAN TAU TONG

**大埔原名「大步」，對於名字出處有兩種說法。
其一指此地曾是一大片森林，路人為求自身安全，
途經的時候都會大步走過，久而久之，
大家習慣叫此地為「大步」；**

另一指在康熙 11 年（1672 年），大埔居民鄧氏向新安知縣[1]申請建墟，不論水上人或岸上居住的人都會前往該墟買賣，是古時水陸交通的駁腳點。「埠」亦即「墟」，在《康熙字典》中，「埠」亦寫作「步」。光緒年間，正式改名為「大埔」。

大埔運頭塘範圍包括運頭塘邨、逸雅苑、德雅苑和景雅苑。運頭塘邨在 1991 年落成，鄰近大埔墟火車站，全邨原本計劃興建 6 座，但是部分落成前改為居屋出售，成為逸雅苑和德雅苑。最後運頭塘邨只有 3 座 Y 型大廈，當中包括全港最後落成的 Y 型大廈：第 5 座運亨樓，及原本第 6 座後改建成居屋的德雅苑。

註
1 香港在古時隸屬新安縣的管轄範圍。

丙午風災的悲劇——
古村落的過去與現在

「運頭塘」這個名字容易引起聯想，單是名字已有大大小小的傳聞。其實運頭塘這個名字早在清朝或以前已出現，因為在英國接收新界時，為原居民村落作登記時，這個名字已經存在。

至於名字的起源，有一說法指運頭塘原名「運陶塘」，因為村內居民大多以運輸陶瓷器皿為生，加上他們大都是客家人，因此誤讀成「運頭塘」。此外，在 1906 年，香港經歷一次非常嚴重的風災——**丙午風災**[2]。死亡人數達 10,000 至 15,000 人，佔當時香港人口約 4-5%。大埔當日受到強風猛烈的吹襲，更錄得 6.1 米高的風暴潮[3]記錄，大埔區死傷無數。大量死難者的屍體堆放在火車站旁的空地上，亦即運頭塘的所在地。

2 丙午風災

1906 年 9 月 18 日，一場強颱風襲擊了香港，颱風達到 6 級風速，但直徑小於 100 海里（185 公里）。由於當時的技術限制，香港未能準確預測該颱風的來襲，導致未能及時發出預警信號。當颱風抵達香港時，才匆忙懸掛黑旗（代表烈風來自西方），不足 40 分鐘後才改發鳴風槍（即現今的十號風球）。然而，悲慘的是鳴風槍的聲音被風聲淹沒，市民沒有足夠時間做好準備。整個香港大量的建築物倒塌，屍體和建築殘骸堆積如山。至少 2,983 艘漁船和 670 艘遠洋輪船在海上沉沒。

根據 1908 年英國皇家氣象學會季刊和 1972 年香港天文台的報告，當時估計約有 10,000 人死亡，然而現代香港天文台的資料將死亡人數修正為 15,000 人。

3 風暴潮

指颱風或氣壓突變所引起的海水異常暴漲現象，也被稱為「暴潮」、「風暴增水」、「風暴海嘯」、「氣象海嘯」或「風潮」。

運頭塘運骨頭——
無頭鬼魂的靈異傳聞

傳聞為免瘟疫發生，香港政府下令把屍體分批火化至骨頭，然後把骨頭放在金塔內，再以木頭車運送至和合石[4]安葬。因此被喚作「運頭塘」，意即運送骨頭的旱塘。

註

和合石

彭氏客家人於 20 世紀初在和合石開發、建村，取名「和合石村」，寓意「和諧好合」，原址為一片荒野。1940 年，香港政府計劃在和合石興建墳場。 1941 年日軍入侵香港，計劃暫停。1945 年，經歷完三年零八個月，英國重新接管香港，香港政府要處理的屍體大增，計劃恢復。1950 年和合石墳場和和合石鐵路支線啟用。

另一個廣為人知的傳聞，在日軍侵華的時期，大埔附近有一個日軍行刑的地方，每日有大量市民被日軍斬去頭顱。由於人頭數量龐大，每日均需工人以木頭車，把人頭運去遠處的荒野去埋葬，而運頭塘就是途中必經之地。時至今日，傳聞還有居民在深夜時分，聽見木頭車在路上推過的聲音。假如他們好奇，探頭張望，會看見一架堆滿人頭的木頭車經過。而在木頭車的後方，會有一排排的無頭鬼魂追隨着。

還有一個同樣是關於頭的傳聞：在 90 年代，每逢陽光明媚的日子，很多家庭主婦也喜歡把衣物被鋪晾掛在邨內欄杆上吹乾，順便殺菌。由於運頭塘邨位於大埔河畔，她們就順勢把被鋪晾掛在河邊。某日，某太太如常把被鋪晾掛在河邊，直到深夜才憶起自己還沒收衫，便匆匆忙忙趕去河邊。到達後，她發現自己的被鋪中，彷彿有甚麼在當中蠕動。她害怕是有甚麼生物躲藏在自己的被鋪中，只好一腳踢下去，希望趕走牠。可是被鋪中卻傳出一把男人哎呦聲，她慌忙揭起被鋪，但是甚麼也沒有發現。當晚她睡得極其不安穩，夢中彷彿聽到自己枕頭底，傳來一把男性的聲音，重複說着：「不要踢我的頭。」如是者，連續好幾晚也有相同情況發生，更甚至後來她的臉上像是被人踢傷了般，腫了起來。這時，她才意識到，那天晚上本是得罪了某靈體，她慌忙準備祭品，在那個位置上拜祭，事件才得以平息。

政府在興建運頭塘邨初期，原定是興建 6 座 Ｙ 型大廈為出租屋，最後卻更改為 3 座出租屋，3 座居屋，傳聞是政府害怕這條邨的名字不吉利，影響出租情況，所以最後決定改為 3 座居屋，並改名為逸雅苑和德雅苑。

天人共鑒岩石的神秘力量!!!

出現地點 📍	出現時間 🕐	望夫石
獅子山紅梅谷	古代	

紅梅谷

望夫石位於獅子山紅梅谷，
獅子山郊野公園範圍內，海拔約 250 多米，
能遠眺整個沙田，是沙田區的著名地標。

它高達 15 米，原本是一塊巨型花崗岩石，石面因風化過程，飽歷風霜成為突岩，形成直立的石柱、大石上有兩塊石，一大一細，遠望外型就像一個婦人背着她的孩子，面向遠方。

近年有市民在獅子山登山時，發現望夫石母親背部的小孩頭部，似乎消失了。然而，經過進一步考察後發現，這只是因為不同的觀看角度和距離造成的錯覺。從近處觀看確實看不到孩子的頭部，但是從另一個遠處的觀察角度，石上的孩頭其實依然存在。

都市傳聞

愛情的石化誓言——望夫石的浪漫故事

除了沙田有望夫石外，各地還有其他望夫石，例如：寧夏、江西、貴州等。各地對於望夫石的傳說，大都是描述堅貞的婦人懷念丈夫的故事，是貞忠的代表。

古時亦有不少詩人以望夫石為題作詩：

望夫山
劉禹錫

終日望夫夫不歸，化為孤石苦相思。
望來已是幾千載，只似當時初望時。

香港由於鄰近海邊，以致於香港望夫石的故事亦有演化。傳說古時有一對夫婦，天未光丈夫便出海捕漁，每天傍晚，妻子便抱着孩子，登上山頂，迎接愛人歸來。有一天丈夫夜夜未歸，更自此一去不返，音訊全無。但是妻子依舊每天照常

背兒登山，日日如是，風雨不改。對丈夫充滿思念，心中相信丈夫總有一日會回來。一日，妻子如常背兒上山等丈夫歸來，卻突然雷雨交加，雷聲震響。過後，在山上的婦人與孩子消失了，但是在她們平時等待的位置上，卻出現了一塊形態與她們相似的巨石。自此，人們相信他們的堅貞感動上天，上天把他們化作石頭，讓他們永守山崗。

西貢・離島

麥理浩徑
第 1 - 3 段
MACLEHOSE TRAIL

麥理浩徑於 1979 年啟用，
以當時港督麥理浩命名。
全條遠足徑分 10 段共 100 公里長，
每 500 米有一支標距柱，共 200 支。

麥理浩徑是香港最長及最早啟用的一條長途遠足徑，遍及東部的西貢至西部的屯門。而麥理浩徑 1 至 3 段分別是由第 1 段的北潭涌至浪茄；2 段的浪茄至北潭凹；3 段的北潭凹至企嶺下。

標距柱作用是為郊遊人士沿途得知所處位置，每條標距柱上均有該柱編號、及該位置的 6 位數字格網座標。柱身編號開首為英文字母，是該徑英文名稱的首字，例如麥理浩徑（MacLehose Trail）是 M。如該字母是 C，代表該條是郊遊徑（Country Trails），並非遠足徑。英文字母後，遠足徑是用 3 位數字的，代表第幾支標柱；郊遊徑是用 4 位數字，首 2 位數字代表該郊遊徑的數字代號，後 2 位數字代表第幾支標柱。下面 6 位格網座標亦即地圖上使用的方格網座標系統，是發生意外時，救援人員以地圖搜尋傷者所需要的座標。

都市傳聞 一

西貢結界神秘消失事件
迷失於麥理浩徑

自從反黑組探員丁利華行山失蹤後，西貢地區開始流傳著有
關結界的傳聞，並有人相信結界出現在麥理浩徑 1 至 3 段。

在 2005 年 9 月 11 日的上午，丁利華獨自前往麥理浩徑北
潭涌至蚺蛇尖一帶行山。他曾經在西灣村的士多借用電話，
但可惜當時店主並未注意到丁利華的情況。事後店主回憶，
當時丁利華的面色蒼白，似乎身體不適。下午約 1 時，丁利
華已在山中迷路超過 2 小時，於是他報案求救。在通話中，
丁利華多次提及一些數字組合，但這些數字與標示在路標柱
上的格式不相符。最後，丁利華突然大聲呼喊「救命！」，
電話隨即斷線，從此丁利華便從世上消失。

丁利華求救電話對話內容

接線生：　　　999。

丁：　　　　我係行山㗎，喺西貢 586……

接線生：　　咩事呀？

丁：　　　　我行山，迷途呀！

接線生：　　你迷途呀？咁你喺邊呀？

丁：　　　　我而家嘅位置 48

　　　　　　（停頓一會）7020……

接線生：　　487020 呀？係咪標距柱？

丁：　　　　係，係果個咩柱呀。

接線生：　　487020 呀嘛？ 你慢慢講，係乜嘢地方？

丁：　　　　等等……（相隔 20 秒）

接線生：　　喂？

丁：　　　　等等……（相隔 30 秒）

接線生：　　你係咪行麥理浩徑呀？

丁：　　　　係，西貢嗰頭嚟㗎。

接線生：	你係咪行麥理浩徑呀？
丁：	係，冇錯……
接線生：	你行緊邊一段？
丁：	西貢嗰邊，西貢東。
接線生：	西貢東，西貢嘅東面， 由邊度出發？
丁：	由西貢北潭涌，
	行咗兩個幾鐘頭，但係
	蕩失路。而家企咗喺過咗
	58…5870 嘅主要嘅路。
接線生：	5870 幾？頭先你又話喺 487020 ？
丁：	仲差少少咋。
接線生：	有冇見到 M 幾多？ M 幾多？你見唔見到呀？
丁：	仲差少少路程……（相隔 30 秒）
接線生：	你見唔見到 M001 呀？ M011，M030 呀？
丁：	你等陣先……
	（相隔 20 秒，有雜音）
丁：	睇唔到呀！
接線生：	你淨喺見到個 number，
	咁個 number 刻喺邊度呀？

丁：	唔係啲柱，係密碼。
接線生：	乜嘢密碼？
丁：	可能我讀錯密碼啦。
	（接收不良，再有雜音）
接線生：	咁你仲係咪行麥理浩徑？
	先生！你唔好行去嗰邊呀！收得好差！
	你唔好再行！
	喂？喂？你停係到！
	我要問你問題！
丁：	你快啲啦！個 number 喺⋯⋯
	（大量雜聲，聽唔到）
接線生：	你停喺到！你有冇扭親腳？
丁：	頂唔順呀！
接線生：	你停喺到！你有冇扭親腳？⋯⋯你幾多人喺到？
丁：	我一個人。
接線生：	要唔要救護車？
丁：	要！
接線生：	你喺唔喺要救護車？

---------- ◆◆◆◆◆◆ ----------

> 接線生接駁至救護車
> 接線生與救護員通話
> 救護員問位置，相隔 20 秒

丁： 救命呀！（相隔 5 秒）

丁： 救命呀！

（聲音離電話筒越來越遠）

救護員： 你要話比我聽你喺邊？

丁： 最慘我唔記得條路……

接線生： 先生呀？喂？喂？喂？

丁： 救命呀！（相隔 3 秒） 救命呀！

> 丁的聲音離電話筒越來越遠，直至沒聲
> 接線生將剛才的電話交代給救護員，
> 救護員重覆一次丁的電話號碼後，便收線。

接線生： 先生呀？喂？喂？喂？

斷線

---------- ◆◆◆◆◆◆ ----------

童軍領袖山中迷途
遺下死亡之謎

丁利華失蹤後約一個月，又發生了另一宗與行山有關的事件——童軍領袖袁志勇在山上失蹤並最終死亡。在 2005 年 10 月 4 日早上 11 時半，袁志勇與四名參與「香港青年獎勵計劃」考試的女隊員打算由嶂上行到海下，但在老虎騎石附近迷路。他們致電教練求助，得到指導後繼續前行。而袁志勇作為經驗豐富的行山者，走在最後方以照顧四名女隊員。途中，女隊員們發現袁志勇失蹤了，於是他們致電留在海邊的教練並且會合。當時已經是下午 3 時左右。及後他們折返尋找，可惜遍尋不果，致電袁志勇亦只是直接轉去留言信箱。報警後，警方展開地毯式搜索附近山頭，可惜無功而返。三天後，在老虎騎石下方約 20 公尺的斜坡上，袁志勇的屍體終於被尋獲。警方對這一事件感到非常奇怪，因為屍體被發現的地點，離之前搜救隊員和警犬搜尋過的地方只有十米，這樣的距離根本不可能不被發現。因此，有人認為袁志勇在這三天期間可能身處在結界中，以至不被發現。

都市傳聞 三

西貢結界奇蹟生還者 三天超自然體驗

2016 年又再傳出西貢結界的傳聞，失蹤人士張善鵬奇蹟生還，事後描述了他在結界中的經歷。

6 月 18 日，張善鵬獨自由北潭涌出發前往北潭凹。早上 10:30 左右，他在山中聽到雷聲，然後便失去意識，直到晚上約 8 時接到太太的電話才恢復了意識。清醒後，他嘗試摸黑落山，途中遺失電話和銀包。

當晚他到達山頂，遠眺看見鹹田灣的燈光，便決定直線爆林落山。行了一段路後，不但感覺距離沒有減短，還走進了山谷中，其後他又再度昏迷。醒來已是翌日烈日當空，他重新尋找離開的道路，到達一條溪澗瀑布。他用水袋裝滿水，休息一會後打算離開，但卻發現無論哪個方向走，都會回到這個水潭。期間多次看見熟悉的人影出現，他嘗試叫喊並追上前，但他們總是轉瞬間消失。

如是者，他在這個水潭附近兜兜轉轉，總共住了 3 天，每次醒來也會發現水潭景色不同了，而自己身上的財物亦會不翼而飛。儘管這 3 天他完全沒有進食，但他卻不感到飢餓，也沒有蚊蟲叮咬的感覺。

最後一天，他決定直線向下游前進，在這過程中他聽到每一塊石頭都發出聲音，彷彿他走進了一個屋邨，可以聽到不同單位發出的人聲和電視聲，但他完全不理會這些聲音。最終，他到達了一個小水庫和輸水管，終於見到真實的人。他向一位陌生人借了電話，打回家報平安後，繼續前往鹹田灣。在鹹田灣終於遇上搜救他的警員，被帶離了西貢。

張保仔

CHEUNG PO TSAI

清乾隆 55 年至清嘉慶 15 年間（1790 年至 1810 年間），
華南海盜[1]肆虐廣東沿海及內河水道一帶，
香港亦是其中一個受影響地點。

◆◆◆◆◆◆

張保仔的原名是張保，他出生在廣東省新會蜑家漁村。15 歲時，
他與父親一起出海捕魚時被鄭一擄走並收養。據傳鄭一是雙性
戀，同時愛上了英俊的張保仔，與妻子鄭一嫂（原名石香姑）形
成了一個三角關係。不幸的是，鄭一英年早逝，為了支持張保仔
成為下一任首領，鄭一嫂與張保仔再婚。張保仔為了鞏固自己的
地位，意識到海盜在航行和搶劫時面時常臨生死考驗，需要神明
的庇佑。因此他提出了一個建議，需要一艘船來供奉潿州島廟的
三婆神像，那就不用擔心迷信的限制，無法在海上祭拜神明。

註

1　華南海盜在全盛時期分為幾個不同的幫派，包括紅旗、黃
旗、青旗、藍旗、黑旗和白旗。其中，紅旗幫派是當時最大
且最具影響力的海盜集團，早期的首領鄭一更是華南海盜六
旗盟主，因此享有極高的聲望和地位。

◆◆◆◆◆◆

在一次六旗首領的集會中，眾人輪流嘗試抬起放有神明的轎子，但只有張保仔能夠成功抬起並將神像供奉上船。這讓眾海盜相信張保仔是被神明所選中的領袖。從那時起，張保仔所在的船也被改名為「神樓船」，以示供奉神明。

張保仔在海盜界享有很高的聲譽，同時也受到沿海百姓的歡迎，被尊稱為「俠盜」。這是因為他對部下的紀律非常嚴格，制定了多條嚴厲的軍令，包括「違令者斬」、「於專權者斬」、「私藏財寶（戰利品）者斬」、「強姦女票者斬」、「臨陣退縮者割耳」等。

此外，張保仔還提供保護和金錢上的支援給沿海百姓。他以高於市價的價格與平民進行交易，以幫助百姓獲得更多的利益。

傳說中的海盜王
無人知曉的藏寶地

海盜張保仔一生傳奇，儘管他在晚年歸順清朝，但他所藏匿的寶藏至今仍未被發現。雖然多次傳出發現他的寶藏地圖的傳聞，但最終都只是空穴來風的謠言。

在香港境內，也有多個與張保仔相關的地點傳說。其中一個傳說聲稱，香港的東營盤和西營盤之名源自於張保仔曾在這些地方建立據點。

此外，還有兩個傳說關於張保仔藏寶的地點在香港廣為流傳。其中一個傳說指南丫島上有一處寶藏，另一個則是眾所周知的長洲張保仔洞。然而，在真實的歷史記錄中，沒有人能夠提供確實的證據來證明這些傳說的真實性。

新界

完

都市傳說的誕生

都市傳說的誕生

香港的都市傳說很多也和歷史掛上關係，當中三年零八個月的傳聞尤其多，亦是本港大多數人也知曉的一段歷史。然而，香港還有另一個現在比較少人談及的事件——「618 雨災」。當中，有好幾個著名的城市傳聞誕生了。

自 50 年代開始，香港有大量的難民湧入，使
得人口由 1945 年的 50 萬增長至 1950 年的
220 萬。人口增加導致很多地方出現非法木屋
的建設，當時，還未完善護土牆和排水系統、
公屋等基礎設施，市民為了生活，胡亂開發土
地，導致經常發生山泥傾瀉。雖然政府在 60
年代開始興建徙置大廈及安置區等，以安置這
些激增的人口，但是興建速度遠遠追不上人口
膨脹。直至 1981 年，香港依然有 70 萬人屋
住在木屋區。

在這背景下，香港在 1972 年 6 月 16 至 18 日連續下了三日豪雨，總降雨量達到 652.3 毫米。單單在 6 月 18 日，便已錄得 232.6 毫米雨量記錄，當日的 11 點至中午更達到高峯，每小時錄得 98.7 毫米。根據現今香港天文台資料顯示，只要每小時雨量超過 70 毫米，而且呈持續趨勢，就會發出黑色暴雨警告訊號。而根據 1981 至 2020 年的資料顯示，香港每年平均降雨量約 2400 毫米，換言之，這三日的降雨量相當於一年的四分之一有多。

這三日的豪雨引致全港多區山泥傾瀉。官方數字顯示，這場災難中總共有 138 人死亡、56 人受傷、53 處地點有水浸報告、7800 人喪失家園，但這些傷亡報告只是官方統計數字，當年還有很多難民偷渡至港，並未被記錄在內。

◆◆◆◆◆◆

而 6 月 18 日當天是星期日，大部分人也留在家中休息，山泥傾瀉沖走的非法寮屋根本沒有確實數字，而災難現場亦很難尋找屍體，所以有傳言指死亡人數遠遠超過官方統計數字。這場歷史性的天災對香港帶來多方面的影響，其中包括電視籌款節目，亦是由這場災難開始。其後，港英政府在 1974 年實施抵壘政策，以控制難民人數；1977 年成立土力工程處，改善和鞏固全港斜坡，並興建擋土牆，大幅減少山泥傾瀉的發生。除了對民生的影響外，618 雨災亦成為香港眾多城市傳聞之一，當中包括受災禍影響最嚴重的秀茂坪和旭龢道休憩花園的故事，以及與藍田彩龍有關的部分傳聞。

都市傳說、民間故事或怪談等往往是口耳相傳的故事，經歷時間越久，變化越大。它們的存在，全賴我們的念念不忘。如果您對某個故事同樣心心念念，歡迎聯絡我們，說出您的所見所聞。

ホンコン・お化け

香港鬼怪®
百物語

作者	豚肉窩貼
編輯	Ching Tai
設計	Nicky Sun
	Tiffany Chan
製作	點子出版 Idea Publication
	www.ideapublication.com
出版	點子出版 Idea Publication
地址	荃灣海盛路 11 號 One MidTown 13 樓 20 室
查詢	info@idea-publication.com
發行	泛華發行代理有限公司
地址	將軍澳工業邨駿昌街 7 號 2 樓
查詢	gccd@singtaonewscorp.com
出版日期	2024 年 3 月 30 日 (第三版)
國際書碼	978-988-70116-4-4
定價	$148
鳴謝	司徒查證（資料提供，92 至 97 頁）

DESIGNED IN HONG KONG. PRINTED IN CHINA BY CP PRINTING (HEYUAN) LIMITED. IDEAPUBLICATION.COM BY IDEA PUBLICATION 2023.